VIE
DE M.
BENOIT GUILLET

PREMIER SUPÉRIEUR DU SÉMINAIRE DE CHAMBÉRY

AUTEUR DES

PROJETS POUR UN COURS COMPLET D'INSTRUCTIONS FAMILIÈRES

Par M. Dépommier

SUPÉRIEUR ET PROF. DE THÉOLOGIE
CHANOINE THÉOLOGAL DE LA MÉTROPOLE DE CHAMBÉRY.

A CHAMBÉRY
CHEZ PUTHOD, IMPRIMEUR-LIBRAIRE, PLACE ST-LÉGER.

1844

Vie

DE

M. BENOIT GUILLET.

Chambéry, imprimerie de Puthod.

VIE
DE M.
BENOIT GUILLET

PREMIER SUPÉRIEUR DU SÉMINAIRE DE CHAMBÉRY

AUTEUR DES

PROJETS POUR UN COURS COMPLET D'INSTRUCTIONS FAMILIÈRES

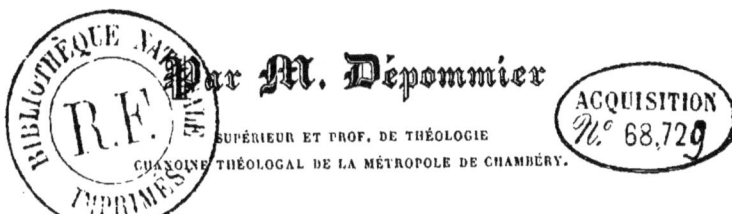

Par M. Dépommier

SUPÉRIEUR ET PROF. DE THÉOLOGIE
CHANOINE THÉOLOGAL DE LA MÉTROPOLE DE CHAMBÉRY.

A CHAMBÉRY

CHEZ PUTHOD, IMPRIMEUR-LIBRAIRE, PLACE ST-LÉGER.

—

1844

Erratum.

Page 85, dans la note, il est dit que Mgr de Solle fut transféré au siége de Chambéry et Genève, au mois de janvier 1815, lisez 1805

AVANT-PROPOS.

Il y a trente ans qu'une grande lumière s'éteignit dans une cellule du séminaire de Chambéry. Le ciel ravit à notre amour un père, un parfait modèle des vertus du sacerdoce. Nos plaintes et nos soupirs trouvèrent de l'écho dans tout le clergé de la Savoie et des pays circonvoisins. Le souvenir de ses travaux et de ses bienfaits s'est conservé fidèlement dans le cœur de ses contemporains, et surtout des heureux disciples qui eurent l'avantage d'être formés sous sa direction.

Mais, il faut le dire avec un sentiment de douleur, les contemporains du vénérable M.

Guillet disparaissent chaque jour. Bientôt on ne reverra plus dans les assemblées du sacerdoce, ces têtes respectables qui ont bravé les orages de la grande révolution, ces généreux confesseurs de la foi, qui ont défendu la religion avec la fermeté et le courage des anciens temps. Encore un petit nombre d'années, et ils auront terminé ici-bas leur carrière de bonnes œuvres et d'édification !

Les premiers élèves de M. Guillet se trouvent eux-mêmes bien avancés dans cette course d'un jour, qui nous emporte vers les régions de l'immortalité. Un grand nombre sont déjà descendus dans la tombe. Oh ! avec quelle rapidité les rangs du sacerdoce se renouvellent parmi nous !

Il serait donc temps de consacrer à la mémoire de notre illustre et vénéré supérieur, un tableau fidèle de ses œuvres et de ses bienfaits. S'il m'était donné de présenter à tous l'image de ce saint prêtre, telle qu'elle est restée dans l'âme de ses coopérateurs et des héritiers de son esprit, je croirais avoir non-seulement payé un juste tribut de reconnaissance et élevé un monument convenable à la gloire d'un illustre bienfaiteur;

mais de plus, ce serait pour notre jeune clergé, un puissant encouragement à la piété et aux plus sublimes vertus du sacerdoce catholique (1).

Malgré la frivolité et les préoccupations d'un siècle tout matériel, la vue d'un prêtre dont la vie toute entière retrace les maximes et l'esprit du saint Evangile, commande encore l'estime, le respect et l'admiration. L'homme du monde, qui n'a pas le courage de s'assujétir aux règles sévères de la morale du fils de Dieu, quand il se trouve en présence d'un prêtre modèle et dévoué à son état, comprend ou devine en quelque sorte, combien il a dû s'imposer de combats et de patience avec lui-même, pour arriver à cette victoire calme et soutenue des plus violentes passions. Il faut en effet une force d'âme qui n'est pas dans la nature, pour imiter la pureté des anges au milieu de tant de désordres et de scandales, pour pratiquer un désintéressement parfait, et n'avoir plus d'autre ambition sur la

---

(1) On trouve dans l'*Ann. ecclés. du duché de Savoie*, 1822, une *Notice historique sur M. Guillet*, qui est bien faite; mais elle est trop succincte, et laisse beaucoup à désirer sur le détail des vertus de ce saint prêtre.

terre, que d'éclairer les ignorants, soulager les infirmités les plus rebutantes, rassainir les âmes les plus avilies par le vice, relever ce qu'il y a de plus bas aux yeux de la sagesse mondaine; enfin consumer sa vie, sans gloire et sans bruit, au milieu des pauvres et des malheureux. Mais peu lui importe d'être oublié et méconnu; ce n'est pas pour la terre qu'il travaille; ses vues se reportent plus haut. Ainsi il goûte une joie pure et céleste, quand il a pu adoucir une infortune, essuyer une larme, exciter le repentir dans un cœur coupable, raffermir un frère chancelant dans le chemin de la vertu. Tout ce que le monde dédaigne, il le prend sous sa protection et l'entoure de son amour. C'est pour les petits et les affligés qu'il devient importun auprès du riche. De là, ces prodigieux monuments de la charité chrétienne, où toutes les plaies de l'humanité trouvent un soulagement.

Mais au lieu de continuer ce portrait, trop facile, de la sainteté sacerdotale et de son influence sur le bonheur de la société, il sera mieux d'esquisser la vie du vénérable et immortel fondateur de notre séminaire.

VIE

DE

M. BENOIT GUILLET

CHAPITRE PREMIER.

Naissance et Education de M. Guillet.

Benoît Guillet naquit à Chambéry le 2 juin 1759, d'une famille très-estimable par sa conduite et ses bonnes qualités, mais peu favorisée des dons de la fortune.

Son père, honnête cultivateur de St-Pierre-de-Souci, était venu s'établir à Chambéry, où il exerçait la profession de boulanger. Il y épousa demoiselle N. Rivaud, femme éminemment vertueuse, qui fut mère de douze enfants, quatre garçons et huit filles. La charge d'une famille si nombreuse obligea Guillet à solliciter du gouvernement une place de fournisseur des vivres militaires, qui lui fut accordée à La Roche, où résidait alors une garnison suisse que nos princes y entretenaient. Cet emploi, bien que peu lucratif, lui fournit les moyens de donner à ses nombreux enfants une éducation convenable. Trois de ses fils se consacrèrent à l'état ecclésiastique. L'aîné, dont j'écris la vie, entra dans le clergé séculier ; deux de ses frères embrassèrent la vie religieuse, l'un chez les Chartreux, et l'autre chez les Dominicains ; le quatrième suivit la carrière des armes, et parvint au grade de lieutenant-général dans les armées françaises, où il s'est acquis une réputation méritée par son courage et ses talents distingués. Quant aux filles, elles furent placées pour leur éducation dans des communautés religieuses. Dignes héritières des sentiments de leur mère, elles se sont rendues recommandables par des vertus exemplaires, dont le souvenir se conservera long-temps parmi les habitants de La Roche.

Benoît Guillet avait dix ans lorsque ses parents allèrent s'établir à La Roche. La condition de ses parents ne leur permettait pas de lui donner une éducation brillante. Ils firent mieux, ils lui firent connaître et chérir la religion dès ses premières années ; ils lui inspirèrent une piété solide, un grand éloignement pour tout ce qui aurait pu ternir son innocence. Doué d'un heureux naturel, docile aux impressions de la grâce et aux leçons de ses parents, il goûta de bonne heure les charmes de la vertu. Il eut ainsi le bonheur inappréciable d'échapper à la funeste influence de cette atmosphère de vices et de scandales qui circule dans nos rues, et trop souvent infecte les générations naissantes et les flétrit pour toujours.

Le jeune Benoît annonçant beaucoup d'intelligence et un goût décidé pour l'étude, son père se résolut à lui faire suivre les cours du collège de La Roche. Il fit donc ses premières études dans ce même collège où François de Sales et les PP. Pierre Favre et Claude Lejai, etc., reçurent les premiers éléments des lettres, et qui continue encore à donner tant de sujets distingués à la Savoie.

Lorsque Benoît Guillet eut fait ses humanités à La Roche, il revint à Chambéry pour y terminer ses études. Son père avait eu le bonheur de connaître le pieux et savant P. Varot, Dominicain, qui lui portait beaucoup d'intérêt, et le seconda avec beaucoup de zèle et de charité pour l'éducation de ses enfants (1). Ce fut le P. Varot qui plaça le jeune Benoît Guillet dans une respectable maison de la ville, pour y donner des répétitions à quelques jeunes élèves, et par ce moyen subvenir aux dépenses de son entretien au collége. Dans une position difficile où tant d'autres viennent échouer, il sut se montrer tel qu'on avait vu autrefois Vincent de Paul dans la maison de Gondy. Modèle de piété, de douceur, de bonté envers ses jeunes élèves, il s'appliquait avec un zèle soutenu à développer leur intelligence, et surtout à répandre dans leurs cœurs les premiers germes de la vertu. Cette modeste fonction de répétiteur montra dès lors la grande aptitude qu'il déploierait plus tard dans l'éducation de la jeunesse. C'était comme un prélude de la haute mission qu'il aurait à remplir sur un plus grand théâ-

---

(1) Voici le témoignage que le chanoine Grillet rend aux qualités éminentes de ce savant Dominicain :

« Il se rendit recommandable non-seulement par la simplicité de ses manières « et par des vertus modestes, mais encore par son zèle infatigable et par le « talent particulier qu'il eut de savoir inspirer à la jeunesse le goût de l'étude « et la pratique des vertus morales. Tout occupé de l'avancement de ses écoliers, « il distribuait aux plus pauvres une partie de ses honoraires de professeur, et la « modique pension que la cour de Turin lui avait accordée à cause de ses longs « services. Sa mémoire ne peut être que chère à ses nombreux élèves, dont il « n'est aucun qui n'ait éprouvé les effets de sa bienfaisance. » (*Diction. hist.*, 3ᵉ vol., art. *Termignon*.)

tre. Il réussit aussi de très-bonne heure à exercer une salutaire influence sur les étudiants qui suivaient les mêmes cours que lui. Sa candeur, sa modestie, son exactitude à remplir tous ses devoirs, lui conciliaient l'estime et l'affection de ses maîtres et de ses condisciples. Il gagnait l'amitié de ceux-ci par des attentions délicates, par des témoignages de confiance; peu à peu il tâchait de leur communiquer les sentiments qui remplissaient son âme; il leur apprenait à fuir les sociétés dangereuses, et à alimenter leur piété par des pratiques convenables.

Cependant les soins qu'il donnait à ses élèves et à ses jeunes condisciples ne l'empêchaient pas de se livrer à ses propres études avec une ardeur soutenue. Il eut dans toutes ses classes des succès distingués, mais ce fut surtout dans les cours de philosophie et de théologie qu'il montra la solidité et la pénétration de son jugement. Il ne paraît pas qu'il ait été rebuté et déconcerté comme tant d'autres, en passant de la culture des lettres aux abstractions de la philosophie et aux mystérieuses profondeurs de la théologie. La trempe vigoureuse de son esprit lui fit bientôt vaincre les premières difficultés. Comme il cherchait la vérité avant tout, pourvu qu'il pût l'atteindre, peu lui importait la rudesse du chemin qu'il avait à parcourir.

A cette époque, les étudiants de théologie, livrés à euxmêmes, et mêlés aux élèves des autres facultés, se trouvaient exposés à des distractions et à des dangers qui renaissaient chaque jour. Ils n'étaient pas, comme aujourd'hui, protégés contre les séductions du monde et leur propre inexpérience par les saintes barrières de la solitude. Pour conserver sa vertu et se rendre digne de la vocation au sacerdoce, il fallait alors au jeune théologien une grande mesure de sentiments religieux, une attention extrême à veiller sur lui-même, afin d'échapper à la contagion et se tenir à la hauteur de ses saintes destinées. Les esprits légers et les cœurs faibles étaient bien à plaindre. Aussi, il faut en convenir, les jeunes clercs qui avaient le bonheur de conserver l'innocence des premiers jours au milieu de tant de périls, étaient d'une trempe de vertu qui a étonné le monde, et sauvé l'honneur du sacerdoce au temps de la grande commotion révolutionnaire.

Pour le soutenir au milieu des épreuves du collége, la Providence ménagea au jeune Benoît Guillet une ressource inappréciable, en lui procurant parmi ses condisciples un ami vrai et solidement vertueux. Ce fut M. Margerai, qui devint ensuite un bon prêtre, un excellent missionnaire. Dès que ces deux cœurs se trouvèrent vis-à-vis l'un de l'autre, ils se lièrent d'une étroite amitié; amitié pure et toute chrétienne, qui s'alimentait au feu de la divine charité. Comme autrefois Basile et Grégoire à Athènes, nos deux jeunes théologiens s'encourageaient mutuellement à l'étude, à la piété, à la fuite du monde, et à tous les sacrifices qui devaient les disposer aux sublimes fonctions du sacerdoce. Ils se consolaient et se soutenaient l'un l'autre dans les différentes épreuves. Quand ils entendaient gronder l'orage, ils priaient ensemble; ils se présentaient l'un à l'autre les charmes de la vertu; ils reportaient leurs regards vers le ciel, et contemplaient de loin la couronne immortelle promise au bon serviteur.

M. Margerai, un peu plus avancé en âge et en expérience, était devenu le mentor du jeune Guillet. Jusqu'à la fin de sa carrière, celui-ci parlait de son ami avec attendrissement et avec l'effusion d'une profonde reconnaissance. Il avait su apprécier l'ineffable trésor dont parlent nos livres saints (1); son cœur bon, et d'une candeur parfaite, avait puissamment ressenti combien la vertu est éloquente, lorsqu'elle parle le langage de l'amitié, combien le joug du Seigneur est doux, lorsqu'on le porte conjointement avec un vrai ami ! Se rappelant avec délices les heureux moments qu'il avait passés et les précieux entretiens qu'il avait eus avec son ami, il rendait à Dieu de continuelles actions de grâces, au souvenir de cet ange gardien que le Seigneur lui avait donné dans la saison la plus périlleuse de la vie, à cet âge d'inexpérience et d'illusions, où l'on a tant besoin d'être guidé et soutenu par un ami sage et tendrement affectionné !

A mesure qu'il avançait dans son cours de théologie, M. Guillet s'affermissait dans sa vocation pour le sacerdoce, et s'appliquait à en prendre l'esprit et à en pratiquer les vertus. Dès lors son humilité, sa douceur, sa charité compatissante lui attiraient de plus en plus l'estime et le respect de ses condisciples. Aux yeux de ses maîtres, c'était un sujet d'éloge pour un jeune homme que d'être l'ami et le confident de M. Guillet.

Ses progrès dans la science sacrée le mettaient aussi au premier rang. Sans avoir un talent extraordinaire, il avait un sens parfaitement droit, une juste mesure dans toutes ses conceptions, et avec cela une application soutenue par l'amour de ses devoirs et un grand désir de s'instruire. Aussi, après cinq ans d'études, il fut à même de soutenir, sur la théologie dogmatique, une thèse générale, qui lui fit le plus grand honneur. Dès lors, Mgr Conseil, premier évêque de Chambéry, fixa sur lui

---

(1) Beatus qui invenit amicum verum, et qui enarrat justitiam amico audienti! (*Eccli.* xxv, 12.)

des regards de bienveillance, et conçut de lui d'heureuses espérances pour le bien de son diocèse. Dans ce dessein, il l'envoya au séminaire d'Annecy, pour y terminer sa théologie et se préparer au sacerdoce dans cette école célèbre, une des premières fondations de Saint Vincent-de-Paul, maison de bénédiction pour la Savoie, qui lui doit tant de bons prêtres, tant d'exemples de vertus.

CHAPITRE II.

M. Guillet se prépare à recevoir le Sacerdoce.

Le supérieur du séminaire d'Annecy accueillit M. Guillet avec beaucoup de bonté, et ne tarda pas à lui témoigner une grande confiance. On assure même qu'il lui découvrait assez souvent les peines et les difficultés qu'il éprouvait dans la direction de sa communauté. Connaissant les desseins de l'évêque de Chambéry, il préparait le jeune lévite à remplir son importante mission, et lui en dévoilait les épreuves et les obstacles. « Hélas! monsieur l'abbé, lui disait-il, je vous plains
« bien sincèrement, si vous avez à combattre dans votre dio-
« cèse le même esprit qui commence à s'insinuer parmi nous.
« Vous voyez que ce funeste génie d'indépendance qui gagne
« toutes les classes de la société chez nos voisins, perce déjà
« dans les asiles du sanctuaire. Bientôt nous n'aurons plus
« d'autorité sur nos élèves. »

Il paraît en effet que bien des années avant la révolution, un mouvement secret remuait en quelque sorte les entrailles de la société. Une fièvre épidémique échauffait toutes les têtes, et troublait les esprits jusque dans les écoles ecclésiastiques et dans les communautés religieuses. Les enfants de l'Eglise sont toujours enfants de leur siècle par quelque endroit. Ils reçoivent toujours plus ou moins l'impulsion du dehors. Les esprits médiocres, même avec de la vertu et de bonnes intentions, ne savent guère se tenir en garde contre la manière de voir et de parler qui règne autour d'eux. Voilà pourquoi, lorsque les liens de la subordination se relâchent dans la société civile, on se met aussi à raisonner l'obéissance et à censurer l'autorité dans les sanctuaires de la tribu lévitique et jusqu'au fond des cloîtres. MM. de Saint-Lazare, malgré tous les services qu'ils avaient rendus au diocèse d'Annecy, malgré leur réputation de sagesse et de bonté, ou peut-être un peu à cause de cette bonté excessive, avaient bien de la peine à maintenir la vigueur de la discipline dans cet établissement, lorsque M. Guillet s'y trouvait avec quelques autres sujets du diocèse de Chambéry, pour s'y préparer au sacerdoce.

Je regrette de manquer de détails sur les prémices de ce sacerdoce, qui devait être si fécond en grandes œuvres, et contribuer si puissamment à la gloire de Dieu dans notre chère patrie. Ce prêtre pieux, qui toute la vie célébra les saints mystères avec la ferveur d'un chérubin, on aimerait à le voir à l'autel aux premiers temps de sa consécration sacerdotale, on aimerait à le contempler élevant vers le ciel ses mains si pures, on aimerait à entendre les soupirs qui sortaient de cette poitrine embrasée d'amour, et les vœux qu'il formait pour le salut de ses frères, lui dont toute la vie ne fut qu'un long sacrifice de zèle et de charité.

CHAPITRE III.

M. Guillet exerce les fonctions de Directeur au Séminaire de Chambéry.

Dès qu'il eut été promu au sacerdoce, M. l'abbé Guillet fut choisi pour être un des coopérateurs du vénérable abbé de la Palme, alors grand-vicaire et supérieur du séminaire de Chambéry, communauté naissante, plus remarquable par les sujets distingués qui la dirigeaient, que par le nombre des élèves qui s'y trouvaient réunis. Nommer les de la Palme, les Rey, les Guillet, c'est rappeler à ce diocèse des noms justement vénérés, des hommes d'un zèle éclairé, d'une instruction peu commune, d'un dévouement parfait. Ces excellents directeurs travaillaient avec une rare sagesse et un concert tout évangélique à écarter les vocations suspectes et à donner de bons prêtres à leur diocèse. Mgr Conseil disait de ces directeurs, que c'étaient quatre têtes dans un bonnet. Aussi, quand une recommandation avait échoué auprès de l'un d'eux, Mgr savait qu'il était inutile d'en parler aux autres. Heureuse harmonie, qui fait le charme des communautés, qui en adoucit les peines et les sacrifices, qui porte la joie et la paix dans les cœurs au milieu des plus rudes travaux, qui rend doux et facile et le commandement et l'obéissance, qui maintient la discipline et les bons usages dans une maison, enfin qui attire les bénédictions du

Dieu de paix sur toute la grande famille ! N'est-ce pas à ses ministres que Jésus-Christ disait avec effusion de cœur avant de consommer son sacrifice : *pacem habete inter vos !* Ces quatre paroles devraient être gravées sur la porte de tous les établissements religieux, ou mieux encore, dans le cœur de tous ceux qui les composent.

Dans ce premier séminaire de Chambéry, qui ne renfermait qu'un petit nombre d'élèves de théologie, MM. les directeurs pouvaient les cultiver avec des soins de détail devenus aujourd'hui impossibles. A toutes les fonctions d'un zélé directeur, M. Guillet réunissait la charge du temporel de la maison. Cependant il sut se réserver des moments précieux pour continuer et perfectionner ses propres études. Il acquit dès lors une science très-approfondie de la morale, comme il l'a montré plus tard dans ses conférences soit à l'île de Rhé, soit au nouveau séminaire dont il devint le fondateur.

Je dois signaler ici un service important que MM. de la Palme, Rey et Guillet rendirent au clergé de Chambéry, en repoussant de toutes leurs forces les tentatives du Jansénisme pour s'introduire dans notre pays. Cette secte remuante, douée d'un prosélytisme incroyable et digne d'une meilleure cause, faisait alors des efforts inouïs pour s'implanter dans la Savoie. Non contente de nous inonder de ses livres, qu'elle avait l'art de glisser partout, jusque dans les cloîtres, jusqu'au fond de nos vallées, elle nous expédiait encore ses dévots, qui se mêlaient à nos étudiants et se liaient d'intimité avec les professeurs et avec les religieux qui laissaient apercevoir quelque goût pour les nouveautés. Malheureusement tous ne furent pas insensibles aux caresses, aux éloges, aux stratagèmes de la séduction. Les sombres et rebutants mystères de l'Augustin d'Ypres n'étaient pas précisément ce qui lui gagnait des disciples parmi nous ; mais le dénigrement et les déclamations contre la cour de Rome, contre les premiers pasteurs, contre les usages les plus respectables de la sainte Eglise, qu'on traduisait comme autant d'abus ; tout ce bourdonnement de l'erreur, faisait tourner les têtes mal affermies dans l'esprit de foi et d'obéissance. Sentinelles éclairées et vigilantes, messieurs les directeurs du séminaire eurent besoin d'une grande sagesse et d'une fermeté inébranlable, pour mettre leurs jeunes élèves à l'abri de cette contagion.

Il paraît que les quelques sujets qui jouèrent par la suite un si triste rôle dans *l'Eglise constitutionnelle du Mont-Blanc*, avaient plus ou moins trempé dans le jansénisme. Quelle terrible leçon ils ont donnée à l'univers, ces orgueilleux Pharisiens de la loi nouvelle, quand ils ont eu à défendre l'arche sainte contre la fureur de l'ennemi ! Comme ils ont bien réussi à reconstruire cette Eglise contre laquelle ils avaient tant déclamé, eux qui avaient conçu de si merveilleux plans de restauration, et devaient rendre à la maison de Dieu sa première beauté ! Il était juste que la secte la plus orgueilleuse qui fut jamais, vint expirer dans les opprobres du schisme et de la plus scandaleuse apostasie !

Le moment était venu où le volcan révolutionnaire qui désolait la France, allait aussi verser sa lave impure sur notre chère patrie. Chaque jour il arrivait en Savoie des prélats, des religieux, des prêtres fidèles à leurs engagements les plus sacrés, qui échappaient comme ils pouvaient à la hache des tyrans, et venaient chercher parmi nous un asile momentané. Les séminaires d'Annecy et de Chambéry en reçurent un grand nombre avec tous les égards dus à la vertu proscrite et malheureuse. Malgré la modicité des ressources de sa communauté, M. Guillet prodiguait à ces généreux confesseurs de la foi tous les soins de la charité la plus cordiale.

CHAPITRE IV.

Emigration de M. Guillet en Piémont.

Pendant que nos bons prêtres épuisaient leurs moyens pour soulager leurs frères exilés, le torrent révolutionnaire envahissait notre pays à l'époque de sa plus grande fureur. La Savoie fut occupée sur la fin de l'année 1792. Trop fidèle à son propre génie, la révolution ne tarda pas à reproduire dans notre pays toutes les scènes de barbarie et de sacriléges profanations qui venaient de renverser l'église de France. Alors MM. de la Palme et Guillet crurent devoir, comme tant d'autres, chercher un refuge en Piémont.

Mon plan ne me permet par de retracer ici tous les prodiges de charité et de bienveillance dont nos prêtres furent les premiers objets et les témoins sur cette terre véritablement hospitalière. La famille royale, sanctuaire des plus pures vertus, les grands du royaume, les prélats, les religieux, les simples particuliers, tous rivalisèrent de zèle et de générosité en faveur de nos prêtres et de tant d'autres infortunés qui avaient traversé les Alpes, pour échapper à la proscription et aux cruelles mesures du régime révolutionnaire.

M. Guillet eut l'avantage d'être reçu comme précepteur dans l'illustre maison du marquis Massimino Ceva di San Michele. Il trouva dans cette famille des exemples si touchants de piété et de générosité, qu'il aurait pu y acquérir la science des saints, si déjà il n'eût été lui-même un prêtre fervent et accompli. Il n'eut donc pas de nouveaux efforts à s'imposer pour se mettre en harmonie avec les sentiments de cette vertueuse famille. Devenu le mentor des enfants et l'ange tutélaire de toute la maison, entouré de soins et de témoignages de respect, il eût été heureux s'il eût pu être insensible aux malheurs de son pays. Aussi que de prières ferventes il ne cessait d'adresser au ciel pour la délivrance de sa chère Savoie !

En attendant qu'il pût venir personnellement lui porter les secours de la religion, il se gardait de laisser refroidir son zèle dans l'inaction. Dès lors il préludait à cet excellent *cours d'instructions* dont il sera parlé plus tard, et qui est aujourd'hui répandu dans toute l'Europe.

Ce fut en 1794 qu'il publia à Turin un petit ouvrage intitulé : *Projets d'instructions simples et familières, sur la religion, l'Eglise et autres sujets relatifs aux circonstances actuelles.*

Dans l'avertissement mis en tête de cet ouvrage, on voit que l'auteur s'y propose en premier lieu d'encourager ses compagnons d'exil à utiliser leurs loisirs, en préparant de solides instructions pour leurs peuples, « lorsque, par sa miséricorde,
« le Seigneur les aura rappelés à leur auguste ministère. La
« diminution dans le nombre des ouvriers apostoliques, l'af-
« faiblissement de la foi en beaucoup de points, ou plutôt
« l'obscurcissement de toute vérité, la ruine presque entière
« de tout bien dans l'ordre du salut.... tout cela ne fait que
« trop sentir par avance l'extrême et urgent besoin où seront

« les peuples de trouver dans leurs pasteurs des ressources
« extraordinaires pour l'enseignement. »

Sachant d'ailleurs que, malgré leur zèle et leur bonne volonté, un grand nombre de ces ministres fidèles se trouvent arrêtés dans leur travail et par le défaut de livres et par les difficultés d'un genre de prédication auquel ils ne s'étaient guère exercés dans les jours de paix et de tranquillité, il a cru devoir les aider, en leur présentant dans quelques analyses, un abrégé d'entretiens suivis sur la religion, sur l'Eglise et les principales erreurs qui désolaient alors la société.

Il se proposait en second lieu de fournir aux fidèles, dans un petit nombre d'entretiens et de conférences, des principes clairement et solidement établis sur l'autorité de l'Eglise, sur la soumission au pape et aux pasteurs légitimes, et sur les moyens de se tenir en garde contre le schisme et l'intrusion des prêtres constitutionnels. Toutes ces instructions présentent une méthode claire et simple, une théologie lumineuse et solide, des avis pleins de sagesse, qui respirent la piété et la sensibilité du bon pasteur (1).

(1) Voyez, pour exemple, l'*Analyse de la Foi*, dans le XIIe entretien.

CHAPITRE V.

M. Guillet rentre en Savoie, pour venir au secours des Fidèles durant la persécution.

Cependant le récit fidèle des maux qui désolaient notre patrie retentissait au-delà des monts, et faisait frémir tous les cœurs religieux et compatissants. Nos prélats et les prêtres fidèles qui les avaient suivis sur la terre hospitalière, recevaient chaque jour les nouvelles les plus désastreuses. L'acharnement de la persécution, après avoir dispersé ou emprisonné les pasteurs, réduisait trop souvent les fidèles à manquer des secours de la religion, même à leur lit de mort. Voyant le péril imminent et la détresse extrême de ses religieux concitoyens, M. Guillet ne peut plus contenir la vivacité de son zèle. Il s'arrache aux instances et aux supplications de la respectable famille Ceva; il brave tous les dangers pour venir apporter les consolations de la foi à ses frères abandonnés. C'était exposer sa personne aux privations de la misère, aux outrages de l'impiété, et aux fureurs sanglantes des bourreaux. Cette perspective, loin de retenir son ardeur, semble plutôt lui donner des ailes pour le transporter au milieu du combat.

Mais quel désolant spectacle s'offre aux regards de M. Guillet, dès qu'il a franchi la barrière des Alpes! Les églises profanées indignement, les clochers abattus, les cloches brisées ou devenues muettes pour le service divin, les autels renversés, les vases du sacrifice pillés et quelquefois livrés à d'abominables souillures, les monastères, les asiles du repentir ou de l'innocence, tant d'établissements religieux, tant d'utiles et beaux monuments érigés par la piété de nos pères, et qui faisaient la gloire et l'édification des fidèles Savoisiens, tout est devenu en peu de temps la proie d'une horrible dévastation. Sont-ce les Huns ou les Vandales qui sont venus saccager un pays naguère si florissant sous les lois paternelles de ses princes chéris? Est-ce une légion de démons, sortis des sombres demeures pour exterminer ou pervertir les enfants de Dieu? Est-ce le vent de la colère du ciel qui a passé sur une terre maudite, pour la punir de quelque grand forfait?

A toutes ces ruines matérielles, à toutes ces profanations de nos temples et des symboles de la religion, il faut encore ajouter d'autres ruines bien plus affligeantes pour la maison de Dieu : des défections et de scandaleuses apostasies dans le sacerdoce, des prêtres et des religieux infidèles, placés au premier rang d'une nouvelle hiérarchie! de nombreuses vierges chassées de leurs monastères, exposées à la misère et à tous les outrages d'un siècle athée! enfin l'impiété triomphante dans nos bourgs et nos villes! A la vue de tant de scandales, les cœurs faibles se sentaient défaillir et laissaient périr une dernière étincelle de foi. Les familles chrétiennes et les pieux missionnaires étaient abreuvés d'amertume; ils ressentaient une immense douleur au spectacle de tant de crimes et de tant d'horreurs dont ils ne pouvaient arrêter le cours.

Quel est donc ce fléau dévastateur qui a amoncelé tant de ruines, fait couler tant de larmes et tant de sang, et répandu au loin ce déluge d'iniquités, de spoliations et de misères? O profondeur des jugements du Seigneur sur son peuple! Dans cette terrible épreuve qui fera frémir d'épouvante les générations à venir, il s'est choisi des ministres d'une espèce toute nouvelle. Ce ne sont plus de grossiers et féroces barbares venus des extrémités du monde pour piller et exterminer les nations civilisées ; ce sont des sages, des régénérateurs ; ils appartiennent à la nation la plus éclairée, la plus polie, la plus fière de sa supériorité ; ils ont annoncé au monde une ère de bonheur, après qu'ils l'auraient affranchi de la tyrannie et des préjugés. Pour donner au monde une grande leçon, la Providence leur a permis de se mettre à l'œuvre, et ces prétendus sages ne sont plus que des monstres de corruption, d'impiété et d'atroce barbarie. Ils ont éminemment le génie de la destruction. En voyant crouler les fondements de l'édifice social au milieu du sang et des ruines, ils s'applaudissent de leur triomphe avec une joie infernale. Ils semblent avoir mission d'égorger tout ce qui porte un cœur généreux, puis, tout en dévorant leurs victimes, ils se dévorent les uns les autres. Sous cette effroyable tyrannie, nos pères purent un instant se croire à la veille de cette désolation finale, qui fera sécher les hommes d'effroi et de consternation. (Luc. XXII, v. 25, 26.)

Mais en attendant la cessation de cette horrible tempête, les hommes de foi ne se laissent point ébranler ; ils reportent leurs regards vers les saintes montagnes d'où leur viendra le secours. Ils adorent les desseins du Très-Haut dans ce terrible bouleversement ; ils savent s'en servir pour exciter l'esprit de pénitence et ranimer la piété dans le cœur des fidèles.

M. Guillet fut quelque temps chargé du soin de 18 paroisses sur la rive droite de l'Isère, dans les cantons de St-Pierre-d'Albigny et de Montmélian. Il les parcourait sans relâche, et bravait tous les dangers pour donner aux fidèles les instructions et les consolations de la piété chrétienne. Que ne puis-je retracer ici le touchant tableau de la vie de nos prêtres au temps de la persécution ! Toujours errants, sans domicile fixe, cachés durant le jour dans des greniers ou dans les bois, obligés de se travestir tantôt en laboureurs, tantôt en petits marchands, tantôt sous le costume d'un gendarme ou d'un soldat ; dans le voisinage des villes et des grandes routes, ce n'était guère que pendant la nuit qu'ils pouvaient se rendre auprès des malades pour les confesser et leur administrer les derniers sacrements. C'était aussi avant l'aurore que le fervent missionnaire réunissait les fidèles les plus discrets autour d'un autel dressé à la hâte, dans un appartement reculé, dans un grenier à foin, dans la profondeur d'une forêt, dans une caverne obscure. C'était comme au temps de la primitive Eglise. Pendant que quelques-uns des fidèles faisaient sentinelle au dehors et se tenaient prêts à donner un signal au premier danger, le prêtre baptisait les nouveau-nés et donnait la bénédiction nuptiale aux jeunes époux ; venait ensuite l'oblation des saints mystères et la communion des fidèles réconciliés, au milieu des soupirs et des larmes de la pieuse réunion. Oh ! quel touchant empire la religion proscrite exerçait dans ces sanctuaires improvisés ! Comme les fidèles étaient saintement recueillis ! et quand la parole du prêtre venait à se faire entendre à demi-voix, avec quelle divine onction elle pénétrait dans l'âme des auditeurs ! Comme on était docile à recevoir toutes les impressions du confesseur de la foi, à la veille peut-être du martyre ! Nos missionnaires l'ont souvent raconté avec attendrissement ; jamais depuis ils n'ont exercé le ministère avec tant de consolation ;

jamais ils n'ont obtenu un empire aussi persuasif sur l'âme des fidèles. Notre sainte religion, qui a pris naissance au Calvaire et qui a été cimentée par le sang de nos martyrs, ne paraît jamais plus belle que sous le fer de la persécution. Puis elle tient en réserve d'ineffables consolations et les plus délicieuses harmonies pour les cœurs souffrants et malheureux. Les heureux du siècle l'oublient et la dédaignent; ce n'est qu'au temps de l'adversité qu'ils reviennent se jeter entre ses bras. Ne nous étonnons donc pas que nos pères se soient rattachés avec tant d'amour et de dévouement à cette religion proscrite et fugitive, alors qu'elle était devenue leur unique consolation, alors qu'ils étaient menacés de la perdre sans retour. Le cœur de nos mères se remplissait d'amertume et d'horreur, lorsqu'elles songeaient que peut-être leurs enfants n'auraient plus de prêtres, plus de religion, plus de foi!

Ce qui contribuait aussi à donner au ministère sacerdotal un empire surhumain en ces temps d'alarmes et de tribulations, c'est qu'il apparaissait aux fidèles entouré et embelli comme d'une auréole de toutes les vertus apostoliques. Le prêtre, semblable à son divin modèle, n'avait plus où reposer sa tête; le bien-être et l'aisance du presbytère avaient disparu avec les ressources du sanctuaire; la nourriture du missionnaire était le pain noir et le lait du villageois, sa couche était un peu de paille dans une grange; et même en allant y reposer ses membres fatigués, il n'était pas sûr de n'y être point surpris par les agents de la tyrannie. Il en est qui passèrent plusieurs mois dans une caverne ignorée.

Le vêtement du prêtre était en harmonie avec sa vie errante et son dénuement absolu. En adoptant par prudence ou par nécessité le costume de l'homme des champs, il était trop heureux de pouvoir soustraire aux profanations de l'impiété les vases et les ornements du saint sacrifice, et les livres de prières, où, pour sa consolation, il retrouvait la description des infortunes du peuple de Dieu et les gémissements du saint roi proscrit et persécuté. Oh! avec quels mouvements de ferveur il s'appropriait les ravissantes inspirations du fils d'Isaïe au milieu de ses revers et de ses plus cruelles infortunes! Son cœur était saintement ému, lorsqu'il redisait les lamentations des prophètes à la vue des ruines de la sainte cité, image fidèle des outrages et des épreuves que l'Eglise de Jésus-Christ aurait à subir.

Assis sur le penchant d'une colline, à l'entrée d'une forêt, après avoir promené ses regards sur la contrée voisine, après avoir contemplé en silence les châteaux et les églises en décombres, les larmes coulaient de ses yeux, et sa voix redisait avec l'accent d'une douleur inconsolable : « O Dieu, les nations
« sont entrées dans votre héritage ; elles ont souillé votre saint
« temple, elles ont couvert de maux et d'humiliations la cité
« sainte!... Elles ont répandu comme l'eau le sang de vos ser-
« viteurs autour de Jérusalem, et il n'y avait personne qui
« leur donnât la sépulture! Nous sommes devenus l'opprobre
« de nos voisins ; ceux qui sont autour de nous, se moquent
« de nous et nous insultent. Jusques à quand, Seigneur, fe-
« rez-vous peser sur nous votre colère? votre courroux sera-
« t-il donc éternel? votre fureur doit-elle s'allumer sur nous,
« comme un feu dévorant ?....

« Oubliez, Seigneur, nos anciennes iniquités ; ne tardez pas
« à étendre sur nous vos miséricordes. » (Ps. LXXVIII, v. 1, 2 et suiv.)

Le missionnaire ainsi fortifié par la prière, par la célébration du sacrifice adorable, et par l'onction de la divine charité, attendait avec patience et résignation les moments de la miséricorde du Seigneur sur son peuple. On assure que M. Guillet, au milieu des périls, des travaux et des sacrifices de toute espèce, conservait un calme, une sérénité, un contentement inaltérables (1). Il n'allait point témérairement affronter les dangers. Durant le jour, il avait la précaution de se tenir caché dans les chaumières les plus élevées au-dessus des paroisses de St-Jean-la-Porte, St-Pierre-d'Albigny, Fréterives (2). Il

---

(1) Notice sur M. Guillet, dans l'*Ann. ecclésiast.*, 1822, page 107.

(2) On s'accorde assez généralement à dire que M. Guillet est le premier prêtre qui a paru et célébré le saint sacrifice dans cette contrée, après les deux ou trois premières années de terreur. Sur la déposition de témoins oculaires (Claude Passieux, père de l'abbé défunt, et Joseph Gaudin, des Allues-Dessus), c'est à Mont-Lambert, hameau de St-Jean-de-la-Porte, au pied des bois, dans la grange de Pierre Duvilard, que le saint missionnaire a célébré la première Messe. La maison de Duvilard et celle de Joseph Monin paraissent avoir été les premiers asiles de M. Guillet dans ce pays ; c'est aussi là qu'il fut obligé, plus tard, de se réfugier bien des fois. Il a été caché pendant trois semaines consécutives dans un réduit obscur et très-incommode chez Claude Passieux, père de vivant Pierre Passieux, ignoré non-seulement des voisins, mais encore de toute la famille, à l'exception du père et de la mère, qui seuls avaient le secret de sa retraite, et lui procuraient furtivement la nourriture nécessaire. Plus tard, M. Guillet a célébré souvent la sainte Messe dans une grande pièce de cette maison, et c'est de là qu'un jour de dimanche, après avoir commencé le saint sacrifice, il fut obligé de quitter l'autel et de fuir à l'Alier, à un quart d'heure plus haut, chez François Gaudin, où il put l'achever. Cette famille, isolée à l'extrémité de la paroisse de St-Jean-de-la-Porte, à l'entrée de la gorge qui conduit aux Aillons, lui donna aussi pendant long-temps l'hospitalité. Le grand-père de l'abbé Benoît Passieux le tint également caché pendant huit jours ; M. Guillet y dit plusieurs fois la Messe, et c'est là qu'il bénit le mariage de M. Buchard et de Mlle Armand.

Le saint missionnaire (c'est ainsi qu'on le nomme encore aujourd'hui) avait également un asile sûr dans la maison de la vertueuse Mlle Dubetier, lieu dit aux Sapines, toujours dans le parage des Allues-Dessus. On y voit encore la chambre où il célébra souvent les saints mystères, et la cache obscure entre la voûte

passa environ trois mois du plus rigoureux hiver dans une pauvre chaumière dans la montagne au-dessus de Fréterives, au lieu dit Lovaret. Les pauvres gens qui habitaient cet ermitage étaient dans l'impossibilité de le nourrir et de lui procurer aucun soulagement. Les gens charitables du voisinage lui portaient les aliments strictement nécessaires. Le respectable Jean-Jacques Mugnier, qui était l'hôte et le conducteur ordinaire du saint missionnaire, montait souvent à l'ermitage pour lui rendre les devoirs de la plus touchante charité. Il fut une fois dans le cas d'y passer une nuit, et le froid fut si rigoureux, que le lendemain il avait des glaçons autour du visage.

La nuit, toutes les fois que le besoin le demandait, M. Guillet descendait dans la plaine et dans le bourg de St-Pierre, pour y secourir les malades au péril de sa vie ou de sa liberté. Il lui est arrivé d'être cerné tout-à-coup dans le lieu où il remplissait l'office de bon pasteur, et toujours il échappait heureusement par sa présence d'esprit et par les charitables

d'une descente de cave et le plancher d'un sombre cabinet, où il s'enfonçait en se repliant sur lui-même, pour échapper aux perquisitions et aux poursuites des agents de la révolution.

Le saint prêtre se rendait souvent chez les Gex, aux Allues-Dessous; chez les Pajean, à Albigny ; chez M. d'Arcolières, à Chevillard ; chez Mme de Charbonneau, à Peau, pour y célébrer, instruire et confesser. Il a fait une nombreuse première communion dans l'église succursale de Miolans.

Ses compagnons habituels de courses nocturnes et autres, étaient Maurice Clavel, père de l'abbé ; Jean-Baptiste Mary-Sandre et Jean Mugnier ; ce dernier seul vit encore.

M. Guillet ne faisait jamais que deux modiques repas par jour ; sa nourriture ordinaire était de la soupe, un morceau de pain et des fruits cuits ou crus. Jamais il ne souffrait qu'on fît pour lui la moindre distinction dans toutes les maisons où il a reçu l'hospitalité ; et lorsqu'on le pressait d'accepter quelque chose de particulier, il menaçait ses hôtes de les quitter.   (L'abbé B.....)

stratagèmes des religieux habitants de ces contrées. Quand il s'agissait de procurer l'assistance d'un prêtre à quelque malade en danger, tous rivalisaient de zèle, d'industrie et de courage. Et combien de fois, au sein des ténèbres, l'adorable Viatique s'est trouvé là pour consoler sur son lit de mort la femme ou la fille d'un *patriote* furieux contre les prêtres! Pour tromper sa vigilance, que d'ingénieux expédients, que de pieuses ruses on savait mettre en jeu! Il est même des circonstances où le farouche citoyen n'était pas fâché qu'on eût l'air de le tromper en faveur d'une personne chère à son cœur.

CHAPITRE VI.

M. Guillet est arrêté et conduit en exil.

Les travaux apostoliques de M. Guillet produisaient des fruits trop abondants pour demeurer inconnus. L'infatigable missionnaire est signalé aux agents de la persécution, qui avait redoublé de fureur depuis la fatale journée du 18 fructidor (4 septembre 1797). On se met sur ses traces, on l'épie, on le poursuit sans relâche. Cependant il a résolu de se rendre à Chambéry, pour des affaires graves qui réclamaient sa présence, et se met en route avec deux vertueux habitants de St-Pierre (1), qui ne craignent pas de partager ses périls. En

---

(1) Jean-Baptiste Mary-Sandre et Maurice Clavel, père de M. l'abbé Clavel.

passant à Albigny, Joseph Pajean (1) met tout en œuvre, mais en vain, pour le détourner d'un voyage qu'il prévoyait devoir être funeste.

Arrivé au point du jour, un dimanche matin, 20 mars 1798, devant le château du Cret, paroisse d'Arbin (maison de La Fléchère), il est investi par une troupe de gendarmes, qui se trouvaient là pour arrêter M. l'abbé Borjeon, missionnaire de la rive gauche de l'Isère, qui devait être caché dans le château. On lui demande qui il est ; il répond sans hésiter qu'il est prêtre, et aussitôt on l'arrête avec ses deux compagnons de voyage.

« Il est conduit à Montmélian, où, dans la prison même,
« il trouve moyen de confier à une personne sûre les vases
« sacrés qu'il avait avec lui. Le lendemain, il est dirigé sur
« Chambéry, sous bonne escorte. Il marchait très-étroitement
« enchaîné par les bras, entre les deux pieux fidèles ses con-
« ducteurs, qui avaient été arrêtés en même temps que lui.
« Durant tout le trajet, on vit se répéter la scène barbare du
« prétoire : blasphêmes horribles, crachats, piqûres d'épin-
« gles, coups de pied, coups de crosse, tout fut mis en œuvre
« pour *désoler sa patience*, par les indignes satellites chargés
« de le conduire. Ses deux compagnons d'infortune ne pou-
« vaient retenir leurs larmes, ni s'empêcher de lui témoigner
« des craintes sur le sort qui les attendait. — « Courage, mes
« enfants ! leur répétait l'imperturbable confesseur ; c'est le
« plus beau jour de notre vie. Quel bonheur, s'il nous était

---

(1) Père de M. le curé de Montmélian.

« donné de répandre notre sang pour la cause de Jésus-
« Christ ! » (1).

Quand il entra à Chambéry ainsi garrotté, toute la garnison était sous les armes. C'était un jour de fête pour les Jacobins, qui depuis long-temps désiraient saisir cette proie. Aussi disait-il naïvement bien des années après : « A la vue de cet
« appareil militaire, lors de mon entrée à Chambéry, je me
« crus un gros personnage : on n'aurait pas fait plus d'hon-
« neur à Robespierre, s'il fût entré à Chambéry. »

Il est immédiatement conduit en prison, et l'on ne tarde pas à le faire paraître devant le tribunal, où il est interrogé, jugé et condamné à la déportation. A toutes les interpellations qu'on lui adresse, il répond avec la douceur, la générosité et la constance d'un martyr. Il entend prononcer sans émotion l'arrêt qui lui ôte la liberté et le bannit pour toujours de sa patrie. Pour les vrais enfants de Dieu, l'exil est partout ici-bas : la patrie ne se trouve qu'au séjour des élus. Cependant on le soumet à une autre épreuve, à laquelle il ne s'était pas attendu, et qui lui cause une douleur inexprimable. On lui arrache l'unique bien qui lui reste, et qui le console de la perte de tous les autres. C'est en vain qu'il supplie, qu'il conjure avec larmes qu'on lui laisse son crucifix. Ce spectacle aurait attendri les barbares les plus féroces ; mais les impitoyables magistrats de cette funeste époque ne répondent à ses prières que par des impiétés et les injures les plus grossières.

J'aime à me persuader que ces cœurs de tigres étaient étrangers à notre Savoie. Je ne pense pas que l'impiété elle-

---

(1) Extrait de la Notice sur M. Guillet. (*An. eccl.*, 1822.)

même puisse dénaturer à ce point notre caractère national. Cruels agents de la tyrannie ! vous arrachez la croix à ce bon prêtre, à cette innocente victime de vos fureurs ! Ignorez-vous donc que c'est au pied de la croix qu'il trouve la force de ne pas vous détester et même de prier pour vous ? Quel crime a-t-il commis, cet homme dont le regard et la contenance respirent la modestie et la bonté ? Tout récemment, il est vrai, il allait de village en village, avec cette croix que vous lui arrachez ; il entrait dans la cabane du pauvre, il bénissait les petits enfants, il consolait le moribond, il prêchait à tous la résignation et la patience à supporter votre tyrannie. On l'a vu partager son morceau de pain noir avec l'indigent, prier et s'attendrir avec les malheureux ; sont-ce là des crimes au jugement de votre sagesse ?

Chose étonnante, de toutes les barbaries la plus effroyable c'est la barbarie savante des athées ! Il paraît qu'il y a quelque chose de satanique dans le cœur d'un athée. En déclarant la guerre à la divinité, il se trouve possédé d'une haine infernale contre tout ce qui lui rappelle l'image de Dieu. C'est ce qui explique le vœu horrible qu'ils ont osé produire au grand jour (1).

Le règne de la terreur a montré combien les disciples étaient dignes de leurs maîtres !

En exécution de la sentence du tribunal révolutionnaire, M. Guillet, traîné de prison en prison, traverse toute la France pour être conduit à l'île de Rhé. Il y avait alors dans cette île, un évêque et plus de 800 prêtres, de 72 diocèses diffé-

---

(1) Etrangler le dernier des rois avec...... (*Voltaire, Diderot.*)

rents. A une certaine époque, il y en eut jusqu'à 1,200, sans compter tant d'autres respectables victimes, qui se trouvaient entassées à Oléron et dans les prisons de Rochefort, en attendant que la voie de la mer étant devenue plus sûre, on pût les envoyer mourir de misère dans le climat meurtrier de la Guyanne française.

Quel attendrissant spectacle ils offraient, ces nombreux convois de prêtres fidèles, qu'on arrachait du pied des Alpes, du fond de la Belgique et de toutes les contrées de la France, pour les déporter en des climats destructeurs! Qu'on se représente ces hommes vénérables par leur âge, par leurs vertus, par leurs souffrances, par l'auguste ministère qu'ils avaient exercé, dépouillés de tout, soumis aux plus rudes privations, aux mauvais traitements de leurs geoliers, aux insultes de la populace des villes et des bourgs, accolés souvent aux plus vils criminels, n'entendant que des blasphèmes et des obscénités révoltantes, ayant pour toute perspective, non pas une mort prompte sur l'échafaud (c'eût été pour eux un sort trop désirable!) mais la misère et les angoisses du cachot, un affreux délaissement, peut-être une longue et désolante agonie au fond d'un vieux navire, ou dans les déserts pestiférés de Cayenne ou de Sinnamari.

Il n'y a que ceux qui ont passé par cette terrible épreuve, qui puissent s'en faire une juste idée. Et pourtant nos saints prêtres s'avançaient avec calme et résignation vers le lieu de leur sacrifice, en s'unissant au Fils de Dieu montant au Calvaire. Ils pouvaient dire aussi, comme saint Paul à ceux de Milet et d'Ephèse : « Je sais que des chaînes et des tribulations m'atten-
« dent à Jérusalem ; mais je ne crains rien de tout cela, et je
« m'estime heureux de sacrifier ma vie, pourvu que je rem-

« plisse les desseins de Dieu, et que je rende témoignage à
« l'Evangile de Jésus-Christ. » (Act. xx, 22, etc.)

A ces jours de tribulations, comme au temps de la primitive
Eglise, le Seigneur n'abandonna pas ses serviteurs au milieu
des combats qu'ils soutenaient pour la gloire de son saint nom.
Je crois devoir insérer ici ce qu'en écrivait à ses paroissiens
un vénérable pasteur détenu dans les prisons de Rochefort.
A la lecture de ce touchant récit, on le croirait de M. Guillet
à quelques pieux fidèles de nos contrées :

« Nous eûmes sans doute bien des peines à supporter durant
« ce long trajet : toujours enchaînés, exposés aux injures de
« l'air dans une saison rigoureuse, souvent conduits par une
« troupe impie et insolente, assaillis en quelques lieux d'ou-
« trages et de mauvais traitements, déposés chaque nuit en
« de nouvelles prisons.... Il ne nous manqua pas d'occasions
« de partager les humiliations et les souffrances de notre divin
« Maître. Mais par combien de consolations il plut au Seigneur
« d'alléger le poids de nos chaînes ! Je ne parle pas des doux
« effets de la grâce, qui soutient, encourage et remplit de son
« onction les âmes souffrantes : Dieu nous les fit éprouver
« dans sa grande bonté. Je ne parle pas des sujets extérieurs
« de consolation que nous avons trouvés dans l'attachement
« des fidèles à la Religion, et dans leur charité pour les con-
« fesseurs de la foi. Presque partout nous reçûmes, sur notre
« route, de la part du bon peuple des campagnes, des marques
« d'une compassion religieuse, des acclamations, des souhaits
« et de bénédictions, et même des offres de secours. Dans les
« villes, si quelquefois des hommes égarés ont insulté à nos
« chaînes, des gens de bien en plus grand nombre, des mem-
« bres même d'administrations nous ont paru les honorer. Des

« fidèles sont venus nous visiter dans nos prisons, nous ont
« apporté des secours et nous ont marqué un religieux dévoue-
« ment..... Ces fervents chrétiens voulaient ensuite nous en-
« courager et nous flatter de la douce espérance de retourner
« dans nos églises....... Ils nous marquèrent une vénération
« dont nous étions humiliés, et souvent ils se prosternaient à
« nos pieds pour nous demander notre bénédiction. Soyez
« loué, ô mon Dieu! de la foi et de la charité de ces vrais
« chrétiens, qui, dans un temps de perversion et de scandales,
« nous représentent si vivement les chrétiens de la primitive
« église. » (1).

A ces témoignages de vénération et de générosité pour les confesseurs de la foi, on reconnaît facilement ces chrétiens de l'Ouest, ces hommes de cœur, qui ont étonné un siècle de lâcheté et de corruption, et reproduit parmi nous les Machabées de l'ancien peuple.

Aussitôt que M. Guillet parut dans la citadelle de l'île de Rhé, au milieu de cette imposante réunion de tant de vénérables prêtres, sa modestie, son air de bonté et de sainteté lui attirèrent l'estime et la confiance de tous ses confrères. Il en fut accueilli comme un ange consolateur, un guide éclairé, un parfait modèle des vertus sacerdotales. Son zèle, sa piété, ainsi qu'une heureuse conformité de vues et de sentiments, le mirent de bonne heure en rapport d'intimité avec le vénérable M. Choleton, grand-vicaire de Lyon, où son mérite et sa haute sagesse ont laissé de précieux souvenirs. Ces deux grandes âmes étaient faites l'une pour l'autre. On va voir comment ils

---

(1) *Histoire générale de l'Eglise.* Année 1797.

surent mettre à profit l'ascendant qu'ils avaient pris sur cette admirable colonie, qui déjà offrait au ciel et à la terre le tableau des plus pures vertus.

Les prêtres détenus à l'île de Rhé étaient pour la plupart logés dans le fort. Le gouvernement leur avait fait céder la moitié des bâtiments, et la garnison occupait l'autre partie. Il y avait au milieu du fort une vaste cour, dans laquelle ils pouvaient se promener, ainsi que sur les remparts. Pour ce qui est de la nourriture, l'administration ne leur faisait distribuer que des aliments de mauvaise qualité, de la viande une fois par semaine, et l'on affectait de choisir pour cela le vendredi. C'était un raffinement de vexation ajouté à tant d'autres. Si la piété des fidèles du pays et du voisinage n'était venue à leur secours, la plupart auraient succombé sous le poids de la misère et des privations. Ils étaient distribués par chambrées d'environ une vingtaine de prisonniers, c'est-à-dire que dans chaque chambre on trouvait pour l'ordinaire vingt lits, cuisine, salle à manger, etc. Malgré cet entassement si incommode et si malsain, il fallut encore en loger un grand nombre dans des greniers, dans les plus misérables réduits.

Pour donner à cette grande réunion de prêtres et de religieux de tout état, une forme de communauté, MM. Choleton et Guillet commencèrent à établir, chacun dans leur chambrée, l'ordre le plus parfait. On y faisait en commun la prière et les autres exercices de la journée, comme dans un séminaire. Insensiblement, l'impulsion du bon exemple et des charitables exhortations firent adopter ce genre de vie dans toutes les autres chambrées, ensorte que la citadelle présenta l'image d'une fervente communauté religieuse.

Afin de perfectionner encore ces bonnes dispositions des

confesseurs de la foi, MM. Guillet et Choleton s'entendirent pour donner à leurs confrères les exercices d'une retraite spirituelle. Elle fut suivie avec une grande édification, et produisit les plus heureux résultats.

La tyrannie avait amené là quelques prêtres qui n'avaient point soutenu d'abord la cause de la religion avec assez de courage, et avaient prêté les serments réprouvés par l'Eglise. Les prières et les bons exemples de tant de généreux confesseurs de la foi, et les exercices de la retraite excitèrent le repentir et retrempèrent la foi de ceux qui avaient faibli devant l'orage. Le Dieu des miséricordes ne les avait frappés que pour les ramener à lui plus humbles et plus dévoués. La prison était devenue pour eux comme un autre cénacle, où l'esprit de vie rajeunissait leur sacerdoce par la communication du feu divin qui animait tant de saints prêtres. Un de ces malheureux *assermentés* ayant reçu la permission de sortir de la citadelle, parce qu'il fut reconnu qu'il avait *satisfait à la loi*, refusa de se retirer, ne voulant pas, disait-il, devoir sa délivrance à une faute qu'il ne cessait de pleurer, ni séparer son sort de celui des vénérables confrères dont Dieu s'était servi pour le ramener à lui.

Il y eut même des laïcs qui, profondément touchés d'un spectacle si édifiant, ne restèrent point étrangers à cet esprit de rénovation qui se faisait sentir dans toute la citadelle.

La providence daigna aussi accorder à ces bons prêtres un autre genre de consolation, qui adoucit beaucoup les rigueurs de la captivité. Ils trouvèrent moyen d'ériger un certain nombre d'autels dans les greniers et les galetas de la citadelle. Ils purent même bientôt les orner et les embellir, de manière à n'être pas trop indignes de leur sainte destination. On se procura des vases sacrés et des ornements pour la célébration des saints mystères. En vain l'administration tenta plusieurs fois d'enlever cette consolation aux prisonniers, en confisquant tous les calices qu'elle put découvrir, les fidèles de la ville et du continent les remplaçaient aussitôt qu'ils avaient connaissance de cette impie et odieuse spoliation. Enfin, les menaces et les mesures de rigueur se trouvant inutiles, le gouverneur du fort usa de tolérance. De son côté, le commissaire du Directoire, prêtre apostat et marié, se résolut à faire son profit matériel de la dévotion des captifs, en leur faisant vendre lui-même des cierges pour la célébration du saint sacrifice. Dès lors la Victime adorable fut offerte chaque matinée par sept à huit cents prêtres. A cette fin, ils avaient distribué tous les moments avec un ordre admirable : depuis trois heures du matin jusqu'à midi, les pieux confrères s'assistaient les uns les autres; l'un d'eux servait une messe pour sa préparation; et celui qui descendait de l'autel lui rendait ce bon office, en faisant son action de grâces (1).

(1) Extrait d'une Notice sur M. Choleton :

« Son ingénieuse charité lui fit trouver le moyen de se procurer des ornements et des vases sacrés; un autel est préparé à la hâte dans les galetas. Quelques-uns seulement de l'émigration sont dans le secret; car on craignait d'être inquiété. Tout est prêt pour le saint sacrifice; les plus vertueux sont invités à prendre part au bonheur de leurs amis. L'auguste Victime est immolée, et sa chair sacrée, distribuée à ses ministres, les remplit de joie et de courage.

« Quel spectacle touchant que de voir ces prêtres vénérables se presser autour d'un pauvre autel de planches, et adorer dans les mains du sacrificateur, puis dans leur cœur, le Dieu caché dont ils sont les captifs! Le désir de célébrer eux-mêmes les saints mystères porta quelques autres prêtres à se procurer aussi des ornements et des vases sacrés. De nouvelles chapelles sont disposées, et chaque jour plusieurs peuvent dire la sainte messe. »

Profitant de la tolérance de l'administration, ces Messieurs crurent pouvoir sans danger conserver la sainte Eucharistie, et établir entre eux l'adoration perpétuelle du Saint-Sacrement. Les généreux martyrs du sacerdoce, heureux de posséder dans leur prison le Dieu caché, qui a voulu aussi être captif et chargé de chaînes par amour pour les hommes, l'entouraient de leurs hommages, célébraient ses louanges, et ne cessaient de l'invoquer pour leur malheureuse patrie, et de lui demander pardon des impiétés et des profanations qui avaient souillé la France. Voilà comment ils se vengeaient de leurs ennemis. Aussi leur ame était calme et leur front serein.

Ces pieux exercices occupaient une partie notable de leurs longues journées. Le reste du temps était consacré à l'étude et à quelques délassements indispensables. Le prêtre n'est pas seulement l'homme de la prière, il est aussi le *gardien et le distributeur de la science*. (Osée, IV). Il reste au-dessous de cette belle mission, et ne remplit ses devoirs qu'imparfaitement, s'il ne s'applique à la lecture des saints livres et à l'étude de la théologie. Les prisonniers de l'île de Rhé sentaient l'importance de cette obligation; mais ils manquaient de ressources pour l'étude. Il n'y avait qu'un petit nombre de bons livres à la disposition des prêtres. Ce ne fut que peu à peu qu'on réussit à en introduire un assez grand nombre dans la citadelle.

Pour suppléer à cette pénurie d'ouvrages instructifs, et mettre de l'ordre dans les études de ce nombreux clergé, M. Choleton conçut le dessein d'établir des conférences réglées sur l'écriture sainte et la théologie. Il s'en ouvrit à son pieux et savant collègue, M. l'abbé Guillet. Ces deux saints prêtres, qui ne respiraient que la gloire de Dieu et la consolation de leurs confrères, étaient devenus les promoteurs et les agents de tout ce qui pouvait contribuer à l'édification des captifs. Ils n'eurent pas de difficulté à s'entendre sur ce nouveau plan d'instruction. Il fut convenu qu'ils feraient alternativement tous les jours, l'un une conférence sur la théologie, et l'autre sur la sainte écriture. M. Guillet choisit la théologie, et M. Choleton se chargea du cours d'écriture sainte, dont il avait été professeur à Lyon. En outre, M. Choleton faisait chaque dimanche une instruction sur les devoirs ecclésiastiques. Quoique la forme de ses entretiens n'eut rien d'extraordinaire, rien n'était comparable aux impressions que produisait cet homme de Dieu. C'est qu'il parlait avec une foi si vive, avec une onction si pénétrante, que les cœurs les plus insensibles ne pouvaient lui résister.

Pour ce qui est des conférences de chaque jour, elles furent bientôt suivies avec un intérêt et un applaudissement unanimes. Le local choisi pour les conférences ne pouvait contenir tous ceux qui désiraient en profiter. Tous ces prêtres, parmi lesquels un grand nombre se distinguaient par leurs talents, par la solidité de leurs études, par leurs succès en différentes carrières, écoutaient avec une attention et une modestie qui auraient fait honneur aux jeunes lévites d'un grand séminaire.

Ce qui captivait tant de respectables auditeurs, c'était la solidité et la précision dans la doctrine, la clarté et la simplicité dans l'expression des deux sages et savants théologiens. Ils déployaient la science des docteurs; mais ils étaient si modestes, si respectueux dans leurs discours et dans les charitables exhortations dont ils les assaisonnaient, qu'on voyait bien qu'ils avaient parfaitement compris leur position, et qu'ils ne perdaient jamais de vue l'avertissement du grand apôtre : *Seniorem obsecra ut patrem.* Personne ne cherchait à se défendre contre la lumière qu'ils répandaient autour d'eux. Ils étaient chargés de la direction de la plupart de leurs confrères ; on les aimait, on les chérissait également. On les regardait comme les oracles et les anges conducteurs des captifs, qui se trouvaient heureux de refaire, en quelque sorte, le noviciat du sacerdoce sous des guides d'une sagesse et d'une sainteté si éminentes (1).

C'était dans ces paisibles et édifiantes occupations que nos prêtres attendaient les desseins du ciel sur leur avenir. Le martyre ne les effrayait pas : chaque jour ils s'y préparaient par la prière, par le détachement de toutes les choses de la terre, par une vie pure et innocente. Ils s'encourageaient les uns les autres avec une charité toute fraternelle. On peut voir, dans une lettre de M. Choleton à sa famille, comment nos prisonniers envisageaient la déportation et la mort même, subies pour le nom de Jésus-Christ.

« Ile de Rhé, 25 décembre 1798.

« Mon cher frère, Dieu soit béni de tout, et en particu-
« lier des croix qu'il m'a fait la grâce de m'envoyer cette

---

(1) En tout ce qui est dit en cet endroit, je n'ai eu qu'à reproduire le témoignage d'un vénérable captif de l'île de Rhé, juste appréciateur du mérite de M. Choleton et de M. Guillet, dont il devint l'ami de confiance. Il a mérité cette faveur par ses qualités aimables, par sa haute piété et par toutes les vertus qui ont enrichi sa belle carrière. (M. Girard, prévôt du chapitre métrop.)

J'ai aussi trouvé de très-bons renseignements dans une Notice historique sur M. Choleton, que je dois à l'obligeance de M. le chanoine Chevray, qui l'a copiée lui-même à Lyon, sur le manuscrit de M. Vallois, missionnaire. Cette Notice, très-sagement rédigée, mériterait de voir le jour.

« année! Il paraît que je souffrirai encore; puisqu'on parle de
« nous embarquer au premier jour. Ainsi nous passerons aux
« îles, ou nous resterons en rade, c'est-à-dire sur des vais-
« seaux français, près de quelque port, entassés en grand
« nombre les uns sur les autres, souffrant de la vermine, du
« mauvais air, de la mauvaise nourriture, du scorbut, ou
« d'autres maladies.

« Il en mourra beaucoup, soit que nous passions aux îles,
« soit que nous restions en rade. On prétend qu'il en est mort
« trente de ceux qu'on envoyait aux îles au commencement
« du mois d'août dernier. Comme je ne suis pas des plus
« robustes, j'ai lieu d'espérer que je mourrai des premiers.
« Je vous assure que j'embitionne un si glorieux sort. Hélas!
« aurais-je cru de mourir martyr! Quelle gloire, quel honneur!
« Les soldats des rois de la terre s'exposent avec joie aux
« périls des combats, pour s'avancer en grade, pour se faire
« honneur, pour illustrer leur famille, pour se faire une
« fortune : quelle gloire, quel trésor pour un chrétien que
« de mourir pour sa foi! C'est vraiment mourir au champ
« de gloire, au lit d'honneur!...

« Ainsi nous ne pouvons que gagner infiniment en mourant
« de la sorte ; car il est très-certain que ce n'est pas pour
« des crimes que nous souffrons; c'est pour avoir soutenu
« notre sainte religion dans toute sa pureté, et avoir exercé
« le saint ministère. Donc, si nous mourons dans cette dé-
« tention, ou en exil, nous mourrons pour la confession de
« la foi, nous sommes martyrs... Le martyre a autant d'effi-
« cacité que le baptême; il remet tous les péchés et toutes
« les peines dues aux péchés. Que je serais donc heureux de
« mourir de la sorte! Mes parents devraient s'en réjouir; car

« je ne saurais leur faire un plus grand honneur, ni être en
« état de leur attirer plus de bien, puisque, étant dans le
« ciel, la charité me porterait sans doute à beaucoup prier
« pour eux.

« Ainsi les méchants nous feront du bien, en voulant
« nous faire du mal. Ils croient nous avoir vaincus, et ils le
« seront eux-mêmes. En nous faisant mourir, ils nous feront
« triompher. *Ils peuvent nous tuer*, disait saint Cyprien, *mais*
« *ils ne peuvent nous vaincre*. Pour nous venger d'eux selon
« l'Evangile, nous demanderons à Dieu leur conversion et
« le salut de leur âme. Nous mourrons pour ceux qui nous
« feront mourir, à l'exemple de Jésus-Christ notre adorable
« maître. Aussi sommes-nous très-contents. »

En attendant qu'il plût à la divine providence de décider de leur sort, les généreux confesseurs de la foi continuaient à s'appliquer à la prière, à l'étude et à la pratique des plus sublimes vertus. Il régnait entre eux une si grande charité, une si douce confiance, que ce n'était plus qu'une famille de frères, étroitement et saintement unis, au point que plusieurs dédaignaient l'occasion de s'évader.

Aussi quelle touchante sollicitude, que de soins empressés pour les vieillards, les infirmes et les malades! Au commencement de leur détention, ceux des captifs qui se trouvaient atteints de maladies graves, étaient transportés à l'hôpital civil, hors de la forteresse. Ainsi séparés de leurs confrères, ils étaient privés de toutes les consolations de la religion; plusieurs y moururent sans sacrements. Pour éviter ce malheur, les pieux captifs convinrent entre eux de soustraire leurs malades à la connaissance de leurs gardiens, et de les soigner eux-mêmes dans la citadelle. Mais on ne put cacher la mort de ceux qui terminèrent ainsi leurs souffrances dans les bras de leurs confrères. Et pourtant, malgré les perquisitions de la police du fort, elle ne put obtenir qu'on décélât les malades, qu'à condition que leurs confrères leur donneraient des soins dans l'hôpital, et que deux leur tiendraient compagnie durant le jour, et deux pendant la nuit; ce qui fut accordé.

A ces traits de la vie intérieure de nos vénérés captifs à l'île de Rhé, on croit lire les actes si naïfs et si touchants des martyrs des premiers jours du christianisme. Les enfants de Dieu meurent et disparaissent; mais la grâce de Jésus-Christ est toujours également féconde; elle reproduit toujours les mêmes merveilles et le même héroïsme dans les grandes épreuves. Ceux de nos frères qui ont été torturés et massacrés par la persécution française, et ceux encore qui versent aujourd'hui leur sang pour la foi dans les royaumes de l'Orient, tous méritent de prendre place à côté des Ignaces, des Cyprien, des Laurent, des Perpétue, etc., et de tant d'autres héros de la foi catholique.

CHAPITRE VIII.

M. Guillet se soustrait à la prison de l'île de Rhé, et revient en Savoie. — Sa mission à St-Ombre.

Cependant, dans des desseins de miséricorde sur son Eglise, le Seigneur se contenta du généreux sacrifice que tant de saints prêtres lui avaient fait de leur vie, pour la gloire de son saint nom. Bientôt il devait sortir de la citadelle de Rhé un séminaire d'apôtres, remplis de zèle et de courage, pour ranimer la foi des peuples, et perpétuer les bienfaits du sacerdoce, après les mauvais jours.

On sentait déjà qu'il se préparait une grande crise dans l'ordre social. On voyait venir le moment où la République expirante allait tomber sous le joug d'un soldat couvert de lauriers. Le 18 *brumaire* (9 décembre 1799), il est vrai, ne fit point encore tomber les barrières qui retenaient nos prisonniers; pourtant dès lors ils purent se livrer à l'espérance d'être rendus à leurs peuples et à leur patrie. La surveillance des agents de la tyrannie devint moins austère. On put concerter avec succès des moyens d'évasion; plusieurs en profitèrent, et M. Guillet fut de ce nombre. Il reprit la route de Savoie à travers les dangers, les fatigues et les difficultés de tout genre.

En traversant le Poitou, il fut reconnu pour être prêtre par de pieux fidèles, qui lui firent mille instances pour le retenir au milieu d'eux. « Restez avec nous, lui disaient-ils « en versant des larmes, restez-là pour nous administrer les « secours de la religion et sauver nos âmes. Hélas! qu'allons-« nous devenir, si nous restons sans pasteurs? » M. Guillet ne pouvait raconter une scène si touchante sans attendrissement. Il en dut coûter à son ame compatissante pour s'arracher à des vœux si pressants. Mais une voix intérieure lui disait qu'il se devait à son diocèse et à son pays, qui était aussi dans la désolation. C'est en effet au milieu des siens que la divine providence lui avait réservé une grande mission. Il semble n'avoir été emmené captif à l'île de Rhé que pour mieux se préparer à la remplir dignement.

A son arrivée en Savoie, il fut placé missionnaire à la porte de Chambéry, dans la petite et pauvre paroisse de St-Ombre. Cet homme, qui avait édifié et ravi d'admiration l'élite du sacerdoce catholique sur les bords de l'Océan, se retrouva alors tout-à-fait dans son élément naturel, au milieu des pauvres, des ignorants et des malades ; voilà pour lui une vigne de prédilection à cultiver.

Ce fut un moment grave et solennel pour nos prêtres, confesseurs de la foi, quand il leur fut permis de rouvrir et de purifier les temples profanés, de relever les autels renversés par les impies, et de ramener le peuple fidèle en ces lieux, d'où il paraissait que le vrai Dieu avait été banni pour toujours. En sortant de cet horrible état de violence et de scandale, on oublia les spoliations et les tortures de la tyrannie, pour se livrer aux élans de l'espérance et de la joie. Un mouvement extraordinaire de zèle et de restauration s'empara des pasteurs et des ouailles. C'était comme au retour de la captivité de Babylone, lorsque les enfants d'Israël relevaient les murs du temple, en chantant le cantique de la délivrance. Il y eut aussi parmi nous des Esdras et des Néhémie, dont la providence se servit pour réparer les ruines de la cité de Dieu, et rallier la tribu sacerdotale sur les sacrés parvis.

Au premier rang de ces hommes de la droite du Seigneur, marchaient les Bigex, les de Thiolaz, les Guillet, les de Maistre, les de la Palme, noms à jamais illustres dans les fastes de notre histoire ecclésiastique ; noms vénérables et chers au clergé de Savoie, qui rappellent la science, la sagesse, la sainteté, le dévouement, et tout ce que le sacerdoce catholique peut offrir de plus grand aux respects des fidèles. Ce fut sans doute cette imposante réunion de grands hommes, nobles débris de nos anciens diocèses, qui imprima un caractère si grave et si édifiant au clergé de Chambéry, et lui attira un si grand lustre, une si haute estime chez les nations voisines. Puissions-nous conserver toujours le bel héritage qu'ils nous ont laissé, et ne jamais déchoir de la réputation si justement acquise au clergé du pays de saint François de Sales!

M. Guillet, missionnaire à St-Ombre, ne tarda pas à y révéler ce zèle apostolique et cette prodigieuse activité qu'il devait déployer bientôt sur un plus grand théâtre. Après huit à dix ans d'interruption du ministère pastoral, après tant de scandales et de bouleversements jusque-là inouïs, que de choses à faire dans une paroisse, pour y rétablir l'instruction religieuse, la régularité dans les mœurs, la paix dans les consciences, la piété et la fidélité à remplir les devoirs du chrétien! Il fallait s'assurer du baptême des enfants, réhabiliter les mariages, mettre fin aux associations scandaleuses, instruire et préparer la jeunesse à la première communion, ramener tout le monde à la participation des sacrements, visiter chaque jour de nombreux malades, surtout dans une paroisse comme St-Ombre, où la fièvre était alors en permanence. M. Guillet se livra de suite à tous ces devoirs du bon pasteur avec une ardeur, avec une charité si paternelle, qu'il eut bientôt rétabli l'empire de la religion dans tous les cœurs. Il paraît au reste qu'il rencontra une admirable docilité chez ce bon peuple de St-Ombre. Les bénédictions du Seigneur sur ses premiers travaux réchauffèrent encore son zèle, et lui firent concevoir le dessein de transformer sa paroisse en une communauté de fervents chrétiens, et il eut le bonheur d'y réussir en assez peu de temps.

La sollicitude de M. Guillet ne se borna pas à ramener et

conduire à Dieu les fidèles qui lui étaient confiés. Son âme à grandes vues se préoccupait fortement des besoins du sacerdoce. Comme autrefois le divin Sauveur, lorsqu'il promenait ses regards sur la surface du monde, la moisson lui parut riche et belle ; mais où trouver des ouvriers pour la recueillir? *Messis quidem multa, operarii autem pauci; rogate ergo Dominum messis ut mittat operarios in messem suam* (Luc, x, 2). Il était effrayé des ravages que la persécution et la mort avaient déjà faits dans le sanctuaire, et des vides encore plus funestes dont on était menacé par la cessation des études ecclésiastiques pendant les jours mauvais. La tribu lévitique avait été complètement dispersée et ne trouvait plus d'asiles. Les jeunes gens qui aspiraient au sacerdoce avant la fatale époque de 92, avaient été moissonnés dans les camps de la République, ou réduits à choisir une autre position dans le monde. Un petit nombre, sans être arrêtés par la perspective des tribulations et du martyre, avaient continué en secret à faire quelques études. De nobles courages avaient porté le dévouement jusqu'à aller recevoir l'imposition des mains sur la terre étrangère.

Quoi qu'il en soit, si cet état de choses eût encore duré quelques années, la plaie faite au clergé eût été presque irrémédiable. Les anciens prêtres, minés de santé et par les mauvais traitements, et par les privations de tout genre, et par des travaux excessifs, auraient bientôt succombé sous le fardeau du ministère, sans espoir d'être remplacés par d'autres ouvriers.

Il s'agissait donc d'aviser aux moyens d'assurer la perpétuité du sacerdoce dans notre pays. En attendant que la providence lui ménageât d'autres ressources, M. Guillet se hâta de réunir dans son presbytère de St-Ombre quelques étudiants qui annonçaient des dispositions pour l'état ecclésiastique. Il en eut bientôt jusqu'à seize ou dix-huit, de toute portée, depuis la théologie jusqu'aux éléments de la grammaire. Comment put-il loger toute cette jeunesse dans un local si étroit et si misérable? c'est ce qu'on a de la peine à concevoir. Il faut dire que rien n'est impossible à l'héroïsme de la charité. On sera d'autant plus curieux de connaître le régime de cette petite communauté de St-Ombre, qu'elle fut le premier noyau d'un grand arbre. C'était comme le grain de sénevé, qui devait bientôt se développer et étendre ses rameaux bienfaisants sur toute l'Eglise de Savoie (1).

M. Guillet avait assujéti sa petite communauté à une règle exacte et qui embrassait tous les moments de la journée. Il

---

(1) Ici je ne puis me refuser à rappeler des souvenirs qui font le plus grand honneur au clergé et au bon peuple de Savoie. Après les jours de la terreur, nulle part on ne vit un mouvement aussi généreux et aussi unanime, pour rétablir les bonnes études et restituer à la religion son empire et son lustre, en lui confiant l'éducation de la jeunesse, malgré toutes les entraves d'un gouvernement peu religieux et tout militaire.

Tandis qu'au presbytère de St-Ombre, M. Guillet sacrifiait son temps et sa santé à préparer de fervents lévites pour le sanctuaire, de toute part et jusqu'au sein de nos vallées alpines, on vit s'élever des écoles semblables, dans le but d'ouvrir à la jeunesse des asiles sûrs pour son instruction, et de perpétuer parmi nous les bienfaits du sacerdoce.

Peut-on redire sans admiration et sans attendrissement ce que firent alors pour l'éducation de la jeunesse tant de saints prêtres et même bon nombre de fervents laïcs !

M. l'abbé Rey, dans son petit pensionnat de Bellevaux ;

M. Favre, dans celui de Villy, qui fut le berceau du florissant séminaire de La Roche ;

M. Ducret, au couvent des Capucins de Sallanches, et bientôt après dans son grand établissement de Mélan ;

Le vénérable M. Rouge, dans sa propre maison de Samoëns (Berrouge) ;

M. Blanc, de Morzine, dont le presbytère fut long-temps une source féconde en bons et pieux sujets. Lorsqu'à la fin de sa belle carrière, ce digne pasteur avait su inspirer à ses élèves un si grand respect pour la présence de Dieu et pour la sainte vertu d'obéissance, que lors même qu'il était absent, à chaque heure et au moment précis, on observait fidèlement ce qui était prescrit par la règle. S'il arrivait à un des plus jeunes de manquer au silence, un seul regard d'un des anciens suffisait pour le ramener au devoir.

Lorsqu'il n'en était pas empêché par la fièvre ou par ses fonctions pastorales, M. Guillet donnait des leçons de théologie et de philosophie aux plus avancés. Ceux-ci étaient chargés de faire la classe aux élèves des cours inférieurs. C'était un enseignement mutuel, donné et reçu avec beaucoup de zèle et de simplicité.

eut la dévotion de célébrer sa messe de 50me année de sacerdoce, il fut entouré à l'autel par quatre-vingts de ses anciens élèves, prêtres, magistrats, avocats, négociants, etc., qui tous lui devaient leur éducation et l'état honorable auquel ils étaient parvenus.

Aussitôt que le diocèse fut organisé, combien d'autres respectables curés, au milieu des fatigues et des embarras du saint ministère, trouvèrent moyen de réunir autour d'eux des jeunes gens qui annonçaient des dispositions pour les études, et de leur donner des leçons de grammaire et les premiers éléments des lettres!

Ces prêtres charitables et désintéressés ne se contentaient pas de consacrer à leurs jeunes élèves leur temps et leurs veilles, ils leur ménageaient des secours de tout genre, soit en épuisant leurs propres ressources, soit en intéressant en leur faveur la charité des fidèles. C'étaient comme autant d'enfants d'adoption, qu'ils accompagnaient de leur sollicitude et de leurs secours, et dans les colléges et dans le grand-séminaire. La défection de quelques-uns contristait leur cœur paternel, mais ne les rebutait pas. Ils avaient calculé dans leur sagesse que pour donner à l'Eglise huit à dix prêtres, il fallait lancer dans les études vingt jeunes gens.

Honneur et reconnaissance immortelle à ces vétérans du sacerdoce! C'est à leur zèle et à leur généreux dévouement que l'Eglise de Savoie est redevable de tant de sujets distingués, qui ont continué parmi nous les œuvres et les exemples d'édification de notre ancien clergé. On n'a point eu à déplorer dans notre pays,

Redevable à sa paroisse et à sa communauté, le saint prêtre prodiguait ses soins à l'une et à l'autre. Chaque matin, au moins pendant l'hiver, il réunissait au pied des saints autels son peuple et ses élèves ; il faisait à tous une méditation qui durait souvent trois quarts d'heure, et que chacun suivait avec un profond recueillement et à genoux sur le pavé. Ensuite on assistait au saint sacrifice de la messe. Lorsque la fièvre quarte ne permettait pas à M. Guillet de célébrer la messe, ni de présider aux exercices du matin à l'heure fixée, la communauté se rendait également à l'église, où l'un des élèves lisait à haute voix les *prières ou exercices pour entendre la sainte messe*, que tous les autres suivaient avec une grande dévotion. Après cela, on divisait les enfants de la paroisse en cinq classes, selon

comme dans beaucoup de provinces de France, cette désastreuse pénurie d'ouvriers pour l'exercice du saint ministère. La Savoie, riche de son propre fonds, n'a pas eu à recourir à des emprunts faits à l'étranger ; elle a même donné de son abondance aux diocèses voisins et aux missions étrangères.

Si quelque impie osait encore accuser notre clergé d'être l'*ennemi des lumières*, qu'il jette un coup d'œil sur notre pays ! Qu'il aille visiter les écoles, les pensionnats pour l'un et l'autre sexes, les collèges, les séminaires, qui font l'ornement et la prospérité de nos villes et de nos hameaux ; qu'il prenne des renseignements exacts sur ceux qui les ont fondés, sur les maîtres qui les dirigent, sur les professeurs qui ont formé ces milliers d'étudiants pour toutes les carrières de la société.

On peut le dire hautement : en ce qui regarde l'instruction et le perfectionnement de la jeunesse, non-seulement le clergé de Savoie s'est montré le promoteur et l'agent de tout ce qui s'est fait de bien parmi nous, mais on pourrait peut-être lui reprocher d'avoir appliqué à cette œuvre importante un zèle démesuré, d'avoir trop multiplié et trop facilité les hautes études ; en sorte que le nombre des jeunes gens qui terminent les cours universitaires n'est plus en harmonie avec les emplois et les professions libérales de notre ordre social. De là la situation pénible et le déplacement de tant de sujets, qui ne savent à quoi employer leurs talents et les connaissances pour lesquelles ils ont sacrifié leur première jeunesse et une partie notable de la fortune domestique.

leur capacité et leur degré d'instruction religieuse ; les théologiens faisaient séparément et simultanément le catéchisme à ces cinq classes pendant une demi-heure. Au signal donné par la petite cloche de la communauté, les enfants se rendaient au presbytère, où ils apprenaient à lire, écrire, calculer, etc. Ils étaient aussi divisés en cinq sections, selon leur portée. C'est ainsi que, grâce au zèle industrieux du pasteur, toute la jeunesse de St-Ombre recevait l'instruction religieuse à l'église, et l'instruction primaire à la cure. L'attention de M. Guillet s'était aussi portée sur les jeunes filles, et il avait fait venir une personne pieuse et instruite pour leur donner des leçons. Les jours de dimanche et fêtes, elle réunissait chez elle les grandes personnes et les mères de famille, pour leur donner des avis et des leçons appropriés à leur état. Dans ces édifiantes réunions, on s'exerçait aussi à chanter des cantiques, ce qui contribuait beaucoup à exciter la dévotion et à embellir les solennités de la paroisse. M. Guillet aimait beaucoup le chant des cantiques spirituels ; cette pratique était tout-à-fait en harmonie avec sa piété douce et expansive. Jusqu'à la fin de sa vie, il s'est plu à mêler à celle des enfants sa voix cassée par les ans et les travaux. C'est un des prêtres qui ont le plus contribué à établir cette pratique dans les communautés et les paroisses.

Dans son école de St-Ombre, il associait ses élèves à tous les exercices établis pour la sanctification de sa paroisse. Il composait ses instructions au milieu d'eux (1) ; il leur en don-

---

(1) Dans tous les moments libres, il travaillait dans la pièce principale, qui servait à la fois de salle d'étude, de classe, de réfectoire, de salle de récréation.

naît lecture à mesure qu'il avançait, pour les former à cette importante fonction du ministère. Ils accompagnaient le saint Viatique, lorsqu'il le portait aux malades. Pour remplir cette auguste cérémonie avec plus de décence, il avait fait construire un petit autel portatif qui se repliait dans la marche, et pouvait être dressé dans un instant. Lorsqu'on arrivait dans l'habitation de ces pauvres villageois, qui trop souvent rappelait l'étable de Bethléem, on plaçait le saint ciboire sur ce petit autel, au milieu des chandeliers et des bougies que les élèves avaient aussi apportés, et la cérémonie s'accomplissait d'une manière très-consolante pour le malade et très-instructive pour les élèves et les paroissiens. Dans l'administration du saint Viatique, comme à l'autel et au pied des saints tabernacles, il était impossible de voir M. Guillet sans ressentir combien il était absorbé dans le sentiment de la présence réelle de Jésus-Christ. Son attitude était si profondément recueillie, et sa foi était si vive, qu'elle se communiquait à tous ceux qui avaient le bonheur de l'entourer. Pour honorer la majesté du Dieu qui se cache dans nos saints tabernacles, et donner une grande leçon à ses élèves, chaque samedi il allait avec eux balayer l'église et approprier les autels, et il se revêtait de son surplis pour accomplir, avec plus de révérence, cette fonction d'un des premiers ordres de la cléricature. Même au milieu de ses plus grandes occupations, M. Guillet ne perdait guère de vue la présence de Dieu; mais vis-à-vis de saints tabernacles, vous l'eussiez pris pour un chérubin en adoration. C'était dans

---

Il continuait même à écrire pendant les amusements des élèves, et lorsque dans leurs ébats, il leur arrivait d'aller heurter contre lui, il leur disait tout doucement : *Je n'en suis pas, moi.*

la contemplation de l'adorable Victime immolée sur nos autels, qu'il comprenait la vocation et la dignité du prêtre; c'était là qu'il concevait et arrêtait ses nobles résolutions, pour la gloire de Dieu et le salut de ses frères; c'était là qu'il ranimait son courage au milieu des obstacles et des embarras toujours renaissants; c'était là qu'il alimentait cette piété si tendre et si affectueuse qui animait toutes ses actions, et lui inspirait ces discours brûlants de charité, et en chaire, et au tribunal de la réconciliation, et dans ses entretiens les plus familiers. Quand il avait un moment de loisir, il visitait ses paroissiens dans leur demeure; il les aidait de ses conseils, les consolait dans leurs peines, les invitait à la fréquentation des sacrements, et les pressait avec tant de bonté, avec une onction si douce, si persuasive, qu'on ne pouvait lui résister. Par tous ces moyens d'un zèle actif et industrieux, et ensuite, par une retraite générale, il renouvela complètement la face de sa paroisse, et son ministère produisit, au milieu de ce bon peuple, des fruits de salut, qui se perpétuent jusqu'à nos jours.

Cependant le Seigneur avait d'autres vues sur M. Guillet, et ce fut par les plus rudes épreuves qu'il l'amena à l'exécution de ses desseins. Il y avait à peine une année qu'il était à St-Ombre, lorsqu'il fut attaqué d'une fièvre intermittente, causée par l'influence de l'air du pays, et qui résista plus de huit mois à tous les remèdes. Plusieurs de ses élèves furent aussi atteints des mêmes fièvres, qui désolaient toute la paroisse et celles du voisinage. Cette délicieuse vallée était alors bien différente de ce qu'elle est devenue, depuis que les travaux d'irrigation et d'une culture savante ont créé une belle et riche prairie, là où naguère l'œil attristé ne rencontrait que des sables stériles, ou des marais fangeux qui répandaient au loin leurs funestes exhalaisons.

M. Guillet, ainsi que plusieurs de ses élèves, étant tombé malade dans l'été de 1803, fut obligé de s'éloigner de St-Ombre et de venir se faire soigner, d'abord à l'Hôtel-Dieu, et ensuite chez Madame la religieuse Lazari, au faubourg du Reclus. Malgré tous les soins de cette respectable dame, il fut très-long-temps avant de pouvoir se remettre, ou plutôt la force de son tempérament en fut altérée pour toujours. Je ne dois pas omettre ici un fait qui témoigne de sa grande mortification. Un jour, au lieu de vin, on lui avait servi par mégarde une bouteille de vinaigre; il en but avec sa sobriété ordinaire, sans rien dire, peut-être même sans s'en apercevoir. Cela aurait pu continuer plusieurs jours, si Madame Lazari n'en avait eu connaissance.

Dévoré du zèle de la gloire de Dieu, bien plus que des ardeurs de la fièvre qui ne le quittait plus, M. Guillet essaya encore de rétablir sa communauté en novembre 1803. Il lui arriva plusieurs nouveaux élèves des provinces les plus éloignées. Les anciens eurent, pour la plupart, le courage d'affronter encore le mauvais air de St-Ombre, et de subir toutes les incommodités de ce chétif établissement, où rien ne pouvait les attirer, si ce n'est la bonté de leur respectable guide. Lui-même se trouvait souvent réduit à se faire remplacer comme il le pouvait (plus ordinairement par M. Picolet l'aîné). La constance et la résignation de ces étudiants montrent combien ils avaient profité à l'école d'un saint prêtre, combien ils étaient dignes de figurer plus tard aux premiers rangs du sacerdoce!

M. Guillet, sans avoir encore l'expérience et la sagesse

consommées qu'il montra depuis dans la direction des séminaires, comprenait fort bien que son école n'était plus tenable à St-Ombre, et que d'ailleurs elle n'était point en rapport avec les besoins du diocèse ; aussi désirait-il ardemment la transporter à Chambéry. Il ne cessait de faire des démarches pour atteindre ce but. Mais que d'obstacles s'opposaient à l'exécution de ses desseins ! Cependant, au printemps de l'année 1804, la fièvre scarlatine, qui régnait à St-Ombre, s'empara rapidement de plusieurs élèves (1), qu'on transporta à l'hospice civil de Chambéry. On craignit avec raison que toute la communauté ne fût atteinte, comme au mois de juillet précédent. Tous demandèrent à aller ailleurs continuer leurs études. Les supérieurs ecclésiastiques accédèrent à leur demande, et M. Guillet fut appelé à Chambéry pour jeter les premières bases d'un séminaire diocésain.

---

(1) **MM. Turinaz**, aujourd'hui évêque de Tarentaise ; Pillet, doyen du chapitre métropolitain ; Ducis, chanoine et professeur de théologie à Moûtiers, furent des premiers atteints.

CHAPITRE VIII.

M. Guillet est nommé Supérieur du Séminaire de Chambéry.

En exécution du célèbre concordat de 1801 (15 juillet), rendu public au printemps de l'année 1802, Pie VII avait supprimé les quatre anciens diocèses de la Savoie, et les avait réunis en un seul, sous le titre de *Diocèse de Chambéry et de Genève*, soumis à la métropole de Lyon. Monseigneur de Mérinville, *premier évêque de Chambéry et de Genève*, venait d'organiser ce vaste diocèse, en se servant avec habileté des lumières et de la coopération des premiers sujets du pays : MM. de Thiolaz, Bigex, de Maistre, de la Palme, etc.

Le diocèse n'avait point de grand-séminaire pour assurer la perpétuité du sacerdoce. Le concordat n'avait promis qu'un seul grand-séminaire pour chaque métropole, permettant seulement aux évêques d'établir des séminaires diocésains, comme ils l'entendraient, et sans leur assurer aucun secours. Monseigneur de Mérinville, ses vicaires-généraux, M. Guillet et tous les bons prêtres de notre Savoie, appelaient de tous leurs vœux la création du séminaire dans la ville épiscopale. Mais on n'avait ni maison, ni ressources pour y fonder un établissement proportionné à la grandeur et aux besoins du diocèse. Après bien des démarches et des instances, Mgr de Mérinville obtint la cession du couvent des cordeliers, ancienne maison des Jésuites, avant leur suppression. Ce vaste édifice avait servi de magasin et d'hospice militaire pendant la Révolution. Toutes les cellules avaient été abattues pour faire place à de grandes salles. De sorte que, sauf les grands murs et la toiture, tout était à refaire dans cette maison, lorsque le nouveau supérieur y entra au printemps de l'année 1803. Il fallait avoir le courage et le dévouement de M. Guillet, et surtout sa parfaite confiance en Dieu, pour oser entreprendre cette effrayante restauration, sans fortune, sans argent, sans provisions (1). Il se logea d'abord à l'angle sud-est de la maison, qui était le seul quartier où l'on eût laissé subsister quelques chambres pour le logement des employés. Aussitôt il fit mettre la main à l'œuvre pour rétablir des cellules, des dortoirs, des salles communes, etc., pour le grand et le petit séminaires, qui devaient s'y ouvrir au mois de novembre de cette même année. Le clergé et les âmes pieuses de la ville et du diocèse vinrent à son secours, pour couvrir les premières dépenses. Cependant, malgré les prodiges de la charité, il éprouvait une gêne extrême pour satisfaire à ses engagements envers cette multitude de fournisseurs et d'ouvriers qui remplissaient la maison, et ne cessaient de lui demander de l'argent. Il eut bientôt épuisé un dépôt qu'on lui avait confié quelque temps auparavant, et qu'on lui permit alors de consacrer à l'éducation

---

(1) Lorsqu'il entra dans la maison des Cordeliers comme supérieur, il avait trois francs; les uns disent trente francs; plus, un panier de pommes de terre.

cléricale. Il emprunta aussi jusqu'à six ou sept mille francs, qui ne tardèrent pas à être dépensés ; et lorsque les ouvriers venaient réclamer leurs salaires, il n'avait à leur donner que de bonnes paroles : « Prenez patience, mes amis, prenez « patience, dans peu je vous donnerai de l'argent. » Tous ne prenaient pas patience ; il se vit un moment sur le point d'être appelé devant le juge, pour être contraint à satisfaire à ses engagements. L'épreuve était terrible pour une âme élevée et délicate comme la sienne. Tout espoir lui manquant du côté des hommes, il s'adressa à Dieu avec une confiance parfaite. Il fit une neuvaine sous la protection de saint Louis de Gonzague, qu'on peut appeler son saint de prédilection. Au dernier jour de la neuvaine, comme il traversait l'ancienne rue Couverte, il fut accosté par un homme d'une tenue et d'une éducation distinguées, qui lui dit : « Je suis charmé de « vous rencontrer ici ; je me suis présenté chez vous, et je « n'ai pas été assez heureux pour vous trouver. »

Après quelques propos obligeants, ils se séparèrent sans que M. Guillet eût osé lui demander son nom, et jamais depuis il ne l'a revu ni su ce qu'il était. Quand il fut rentré au séminaire, il y trouva une somme très-considérable, et qui lui suffit pour payer tout ce qu'il devait jusqu'à ce moment (1).

Cette assistance providentielle au moment de la détresse,

---

(1) D'autres contemporains de M. Guillet racontent cet événement d'une manière un peu différente. Ils disent qu'une fille de service apporta au séminaire, dans un panier, une somme de 8,000 francs. « D'où vient cet argent, lui « demanda-t-on ? — Ah ! Monsieur, c'est ce qui vous reste à savoir. » Et elle se retira sans autre éclaircissement.

remplit l'âme du saint prêtre de joie, de reconnaissance et d'amour pour Dieu, et le confirma encore dans la parfaite confiance qu'il avait en la bonté du Seigneur, dans tout ce qu'il entreprenait pour son service.

Il disait souvent à ses élèves, en leur citant les faveurs spéciales qu'il avait reçues de Dieu dans ses plus grands embarras : « Lorsqu'il s'agit d'entreprendre quelque chose « pour la gloire de Dieu, il ne faut pas être imprudent; mais « il ne faut pas non plus trop calculer, ni nous appuyer sur « les hommes; car si nous ne mettons notre confiance que dans « les bras de chair, Dieu n'y aura point sa part. Il faut donc « bien examiner ce que Dieu demande de nous, et nous mettre « à l'œuvre avec un grand courage. Pour moi, ajoutait-il, si « Dieu m'avait demandé de lui bâtir une église toute d'or, « je m'y serais mis, et j'aurais réussi » Il avait parfaitement compris et goûté cette leçon du Sauveur à ses disciples : « Si « vous aviez de la foi comme un grain de sénevé, vous diriez « à cette montagne : retire-toi, et elle se retirerait. » (Marc, 11, 22, 23.) Cette confiance filiale en la divine Providence remplissait tellement son âme, qu'au milieu des embarras les plus inquiétants, il ne se troublait point et ne perdait point la paix du cœur; il continuait à remplir ses devoirs ordinaires avec la même facilité. Jamais il ne lui échappait une parole amère contre ceux qui entravaient ses entreprises, tant il avait appris à voir la main de Dieu partout, et à l'adorer avec une entière soumission! Il a été promis aux enfants de Dieu que s'ils mettent en lui toute leur confiance, *ils ne seront point confondus*; on ne sera donc pas étonné que notre vénérable supérieur ait éprouvé une assistance toute spéciale de la divine bonté, lorsque tous les moyens humains semblaient lui manquer. La suite de sa vie nous en montre plusieurs traits tout-à-fait remarquables.

Ainsi qu'il a été dit précédemment, M. Guillet avait entrepris la restauration du grand-séminaire dans le Carême de l'année 1804. Malgré toutes les dépenses et les difficultés qu'il eut à subir, l'ouvrage fut poursuivi avec tant d'activité et de persévérance, qu'au mois d'octobre de cette même année, tout se trouva prêt pour ouvrir un grand et un petit-séminaire de plus de quatre-vingts sujets.

Cette première réunion de séminaristes de toutes les parties de la Savoie, présenta un spectacle fort intéressant. Il y en avait d'un âge tout-à-fait mûr, qui, lors de l'invasion de la Savoie par la République française, avaient été arrachés à leurs études et à leur vocation. Quelques-uns avaient suivi le drapeau de nos princes au-delà des monts; d'autres avaient été forcés de servir dans les camps de la République; d'autres encore s'étaient tenus cachés pendant les années de la terreur, reprenant toujours l'étude de la philosophie ou de la théologie, dès qu'ils pouvaient jouir d'un instant de repos. Jamais on ne vit dans un grand-séminaire des sujets plus dociles, ni plus disposés à tout genre de sacrifice, que ces généreux soldats qui avaient résisté à tant de scandales et supporté les plus dures privations dans les armées. Aussi avaient-ils de la peine à contenir leur indignation, lorsque d'autres étudiants plus jeunes et qui n'avaient point encore subi d'épreuves, se plaignaient quelquefois de la nourriture et du régime du séminaire. Le vénérable supérieur s'en étant aperçu, leur disait avec un accent de bonté qui allait au cœur : « Mes-« sieurs, prenez patience, ceci est un commencement, je ne « puis faire mieux. » Il est très-vrai que dans ces premières années de notre séminaire, le logement, les meubles, la table, tout se ressentait de l'état de pauvreté auquel tous les établissements religieux se trouvaient réduits, après une fatale révolution qui n'avait laissé que des ruines. Un pareil régime désespérerait la jeunesse de notre époque; mais au sortir de la révolution, le clergé était tellement habitué à la misère et aux privations, il était si fortement pénétré de l'esprit de pénitence et de mortification, que ce même esprit se communiquait sans obstacle aux étudiants qui se destinaient au sacerdoce. D'ailleurs, il suffisait de voir et d'entendre M. Guillet, pour se sentir encouragé à pratiquer les vertus dont il était une vivante image. En le voyant si pauvrement vêtu, si pâle, si exténué de fatigues, avec un air toujours calme et serein, on était de suite disposé à recevoir avec respect les maximes du Sauveur sur l'abnégation de soi-même, sur la pauvreté et le détachement de toutes les choses de la terre. Ceux qui n'ont pas eu le bonheur de le voir, ne sauraient comprendre le charme secret qu'il exerçait sur la jeunesse, avec des moyens en apparence si simples. En l'abordant pour la première fois, on éprouvait d'abord un mouvement de surprise; on était presque tenté de se dire tout bas : Est-ce donc là ce M. Guillet, qui jouit d'une si grande réputation de sagesse et de sainteté? On s'était préparé à des impressions d'étonnement et de frayeur; et dès qu'on avait entendu un mot de sa bouche, le cœur était à l'aise, et l'on se trouvait heureux d'avoir rencontré un père et un ami.

Il faut rendre grâce à la divine Providence d'avoir suscité un tel homme, pour créer et constituer cette grande école ecclésiastique, qui devait donner à notre Savoie un clergé si distingué par ses lumières, par sa piété, par son zèle actif et son dévouement. Il fallait un prêtre de ce mérite et de ce caractère, pour attacher tous les cœurs à un même centre, et les remplir du même esprit; pour effacer toutes les nuances de provinces et d'anciens diocèses; pour fondre cette nombreuse légion de lévites dans une bienfaisante unité. Il est facile de reconnaître combien il a été avantageux au clergé de Savoie d'avoir été réuni pendant vingt ans sous une même administration ; d'avoir puisé les sources de la science et de la piété cléricales dans une même école, sous des supérieurs d'une sagesse consommée, avec tous les moyens d'encouragement et d'émulation qu'on ne trouve que dans les grands établissements.

Dès la première année de l'ouverture du grand-séminaire, M. Guillet s'appliqua à y faire régner une discipline exacte, qu'il soutenait par sa vigilance et sa fermeté. Il déploya principalement toutes les ressources de son zèle tout apostolique, pour établir solidement dans les cœurs l'empire de la vertu et de la piété. Ses bons exemples, ses entretiens particuliers, ses ferventes méditations du matin, étaient pour tous une source de lumières, un enseignement persuasif auquel il eût été difficile de résister.

Pour les études, il fut secondé par quelques professeurs d'un vrai mérite. M. Picolet aîné fut chargé de la classe de morale; M. le chanoine Dubouloz, de la théologie dogmatique. Bientôt après, il fut remplacé dans cette classe par M. Gazel, docteur de sorbonne, dont nous avons tous admiré la vaste érudition, la facilité prodigieuse, et cette aménité de caractère qui rendait son commerce si agréable. Au petit-séminaire, M. Jacques-Marie Picolet fut chargé et de la direction et de la classe de rhétorique.

Il est de la destinée du juste d'être continuellement poursuivi par les contradictions et les épreuves. M. Guillet en eut de très-pénibles à supporter dès son début dans sa nouvelle carrière. Vers Pâques 1805, M. Picolet, professeur de morale, étant tombé malade, M. le supérieur dut le remplacer dans sa classe jusqu'à la fin de l'année scolaire. Il était donc en même temps chargé de la direction du spirituel et du temporel de sa communauté; il présidait à tous les exercices de piété; il proposait chaque matin le sujet d'oraison; il assistait à l'examen de midi et à la lecture spirituelle le soir; il donnait certains jours de la semaine des leçons de rubriques et de cérémonies; il accompagnait les élèves à la promenade les jours de congé; il passait des moments considérables au tribunal de la pénitence; il surveillait les réparations et constructions qui se continuaient dans ce grand édifice. Puis il avait le souci de ménager les ressources nécessaires à tant de dépenses. Pour être à tout, il lui fallut déployer une activité incroyable, sans jamais perdre sa présence d'esprit, sans jamais sortir de ce calme étonnant qui édifiait tout le monde. Selon la remarque du respectable prêtre de qui je tiens ces détails, « il fallait bien que l'esprit de Dieu le dirigeât et qu'il « fût lui-même bien fidèle à cette direction toute divine, pour « pouvoir suffire ainsi à tout. Le seul souvenir de ce que je « vous dis ici, m'a toujours fait du bien, et m'en fait « encore (1). »

Accablé de tant de fatigues et d'embarras, sans doute qu'il

---

(1) M. Ducis, chanoine-chantre de la cathédrale de Tarentaise, et professeur de morale au grand-séminaire.

lui restait peu de loisir pour se livrer à son goût pour la prière et pour l'étude. Cependant sa vie entière était une oraison continuelle : à force de veiller sur lui-même et de s'unir à Dieu, il en avait contracté une heureuse habitude. Il n'entreprenait rien, il ne décidait rien, sans s'être recueilli en lui-même, pour implorer l'esprit de Dieu et se rendre docile à sa voix. Au milieu du tracas des affaires, il ne montrait ni impatience, ni trop d'empressement. Pour l'ordinaire, avant de prendre une résolution, il allait passer un instant à la chapelle, pour confier au divin Maître ses peines et ses sollicitudes ; et toujours il en sortait avec un nouveau courage pour continuer l'œuvre de Dieu, l'œuvre par excellence, la plus difficile peut-être qu'il y ait dans la maison du Seigneur : lui préparer des ministres remplis de l'esprit de Jésus-Christ. Jamais personne n'a mieux compris que lui la hauteur et l'importance de cette grande tâche ; présenter à l'Eglise un prêtre fervent et dévoué, était à ses yeux la conquête la plus riche et la plus glorieuse. Aussi, comme il était dévoré de zèle pour cultiver les jeunes gens que la providence lui confiait, et remplir les vides du sanctuaire ! Avec quelle tendresse vous l'eussiez vu caresser, instruire, exciter, encourager à la vertu et à l'étude un tout jeune écolier !

A l'imitation du Sauveur qui recevait les enfants des bras de leurs mères pour les embrasser et les bénir, M. Guillet avait une prédilection, je dirai presque un faible, pour les jeunes étudiants. Obligé de partager ses soins entre le grand et le petit-séminaire, il n'était pas rare de le voir s'amuser et jouer avec les enfants dans la cour du petit-séminaire. Dès qu'il y paraissait, cette pétulante jeunesse l'entourait, le pressait de toute part, avec les plus vives démonstrations de joie et de plaisir. Les plus petits le prenaient par le bras ou par la soutane, en lui demandant des *gobilles*, et quelquefois un congé ; souvent il avait de la peine à se débarrasser de cet essaim de petits étourdis. S'il en apercevait un qui eût une blessure ou quelque infirmité, il voulait voir ce que c'était, et donnait les ordres les plus précis pour le faire soigner. On l'a vu conduire lui-même dans sa chambre un jeune élève, dont il avait aperçu les mains tout écorchées par des angelures. Il lavait et pansait lui-même la plaie, faisait bien chauffer le petit infirme auprès de son feu, et réitérait ce soin maternel jusqu'à ce qu'il le vît guéri.

Quand on a pu considérer M. Guillet tel qu'il se montrait au milieu des jeunes écoliers, on peut dire qu'il résumait en lui-même les sentiments les plus purs, les plus vifs, les plus affectueux du maître selon l'esprit de l'Evangile.

Le maître animé de cet esprit, surtout s'il a reçu l'onction du sacerdoce, devient pour l'enfant qui lui est confié une seconde mère, sans en avoir les faiblesses. Sa foi lui montre dans son élève une vivante image de la divinité, un disciple, un soldat, qu'il doit former pour la milice du Seigneur ; une pierre précieuse qu'il faut polir pour les tabernacles éternels.

Dans un ordre inférieur, c'est une intelligence qu'il faut éclairer et embellir de connaissances utiles et variées ; c'est un cœur mobile et impétueux qu'il faut soustraire à l'emportement de ses propres passions, et l'assujétir au bienfaisant empire de la vertu ; c'est un voyageur téméraire et sans expérience qu'il faut conduire à travers les orages et les écueils ; c'est une plante féconde qui produira plus tard des fruits bons ou mauvais, selon qu'elle aura été bien ou mal cultivée.

Pour remplir la noble tâche qui pèse sur lui, le maître religieux applique toutes ses pensées, toutes les puissances de son âme sur le sujet dont il doit être l'ange gardien; il en étudie les défauts et les bonnes qualités. Il s'empare de toutes les voies pour faire arriver jusqu'à cette jeune intelligence la connaissance du vrai et le sentiment de ce qui est bien. S'il étudie, s'il fait des recherches, c'est pour alimenter l'esprit de son élève. C'est comme l'oiseau qui va chercher la pâture de ses petits. S'il lui arrive tout-à-coup un aperçu nouveau, une idée profonde, il tressaille de joie, dans la pensée qu'il va embellir l'âme de son élève de ce rayon de lumière. S'il lui passe dans le cœur un élan pour le ciel, un mouvement généreux pour le bien de ses frères, il n'a pas de repos qu'il n'ait fait partager à son élève cette heureuse impression. Si ce germe de vertu est bien accueilli, il l'arrose, il le réchauffe pour le développer et lui faire porter de bons fruits avec le temps.

Quelle douce satisfaction pour lui, s'il voit son élève croître en sagesse et en piété! s'il a réussi à lui inspirer l'horreur du vice et des plaisirs dangereux, et à lui faire aimer la modestie, la retenue, le respect pour tout ce qui est pur, pour tout ce qui élève l'âme au-dessus des jouissances matérielles et avilissantes. Enfin, son bonheur est sans mesure, s'il a pu établir solidement dans cette âme le règne de la vertu, et *lui faire goûter combien le joug du Seigneur est doux et son fardeau léger!* Alors ce bon maître ne regrette nullement les soins, les veilles, les fatigues auxquelles il a dû se condamner pour instruire, avertir et corriger cet élève chéri. Il se complaît dans son ouvrage, comme autrefois Fénélon lorsqu'il crut avoir formé un grand roi pour la France.

Avec quelle active et tendre sollicitude il l'entoure au milieu des dangers qui assiégent sa jeunesse! Comme il s'alarme quand il le présume battu de quelque furieux orage! Au milieu des ténèbres de la nuit, l'image de son élève le poursuit et va jusqu'à interrompre son repos. Il lui parle, il l'avertit, il lui adresse les plus tendres allocutions, comme s'il était à ses côtés. Puis il le recommande à Dieu et à ses anges. Que de vœux, que de ferventes supplications pour l'objet de tant de soins et de tant d'amour!

Que serait-ce encore, si quelque maladie venait à saisir l'enfant de sa tendresse! Voilà le maître assis à son chevet; il ne peut plus s'en séparer; il suit tous ses mouvements; il ressent, peut-être avec exagération, toutes ses douleurs; il s'alarme au moindre danger. Il a dans le cœur toute la sensibilité et toutes les délicatesses d'un père; il en partage la sollicitude et les angoisses.

Oui, pour le maître formé à l'école de Jésus-Christ, la culture d'un élève devient une paternité d'adoption. Je ne sais si les élèves, même les plus heureusement disposés, peuvent bien comprendre tout ce que la religion développe pour eux de sollicitude et d'amour dans un maître docile à ses divines inspirations. Au reste, il faut peu s'en étonner; car, enfin, quelle est la mère qui soit parfaitement payée de retour par la tendresse de ses enfants?

En donnant ici un aperçu des sentiments d'un prêtre dévoué à l'éducation de la jeunesse, je n'ai réussi qu'imparfaitement à retracer l'image de notre ancien supérieur. Tous ceux qui l'ont connu n'hésiteront pas à dire : « Il fut tout cela, et « mieux encore. »

Il y avait en lui un si juste tempérament de bonté, de prudence et de fermeté, qu'on le craignait beaucoup, tout en le chérissant comme un père. C'est ce qui lui donnait une si grande facilité pour manier les esprits des jeunes gens, gagner leur confiance, et les soumettre sans effort au joug de la discipline.

Pendant que la docilité, le bon esprit de ses élèves consolait et encourageait notre vénérable supérieur, ses embarras financiers lui donnaient bien du tourment. J'ai déjà donné une idée des dépenses énormes qu'il eut à faire tout-à-coup pour les constructions intérieures, pour l'ameublement du grand et du petit-séminaire, pour les provisions indispensables, et même pour venir au secours de plusieurs élèves, qui ne pouvaient payer qu'une faible partie de leur pension.

Les contributions charitables du clergé et des fidèles étaient sans doute très-considérables en elles-mêmes, comme elles l'ont été pendant vingt ans; mais elles restaient au-dessous des besoins du grand-séminaire et des autres écoles ecclésiastiques. M. Guillet, toujours soutenu par une confiance sans bornes en la divine Providence, s'était jeté en avant, sans s'effrayer de la pénurie de ses moyens. Déjà il avait appris à compter sur les trésors du père céleste, quand on ne travaille que pour lui.

CHAPITRE IX.

M. Guillet est appelé à recueillir la succession de M. de Comnène.

En 1805, c'est-à-dire au milieu de ses plus graves embarras, M. Guillet reçut un éclatant témoignage de la protection du ciel, en recueillant l'héritage d'un illustre bienfaiteur. M. de Comnène, dont la piété et les sentiments généreux surpassaient encore la noble origine, se voyant à la fin de son édifiante carrière, sans postérité et presque sans aucun lien de famille, ne crut pas devoir faire un meilleur usage de sa fortune, que de la consacrer à réparer les ruines de la religion et à relever la gloire du sacerdoce. A cette fin, il établit pour son héritier universel le nouveau supérieur du grand-séminaire de Chambéry, dont les besoins et les rares qualités lui étaient bien connus, spécialement par l'entremise de M. de Thiolaz, alors prévôt du chapitre et vicaire-général du diocèse (1).

---

(1) On n'a pas oublié que sous le régime ombrageux du Consulat et de l'Empire, les établissements diocésains ne pouvaient être *propriétaires*, ni par con-

M. Joseph-Nicolas de Comnène étant mort le 13 août 1805, à l'âge de 76 ans, M. Guillet entra dès lors en jouissance de sa succession, qui fut d'environ 180,000 francs. Il est inutile de rappeler quelle fut la pieuse et profonde reconnaissance de M. Guillet, soit envers le vénérable bienfaiteur, qui lui avait tendu la main dans sa détresse, soit envers le Dieu de charité, qui avait choisi M. de Comnène pour être le ministre de ses miséricordes sur sa communauté et sur tout le diocèse! Après avoir rendu au respectable défunt tous les honneurs et tous les devoirs de la piété catholique, il voulut perpétuer dans sa maison les témoignages de sa religieuse gratitude. C'est pour cela qu'il établit l'usage, toujours observé depuis, d'aller, après chaque repas, réciter à la chapelle un *De profundis* pour le repos de l'âme des bienfaiteurs du séminaire.

Dès lors aussi le clergé de Savoie n'a cessé de bénir la mémoire de ce vertueux gentilhomme, qui n'ayant pas de famille dans l'ordre de la nature, est devenu par sa charité le père et le nourricier des lévites d'un grand diocèse. Oui, il vivra à jamais dans les religieux souvenirs de tant de bons prêtres qui ont eu part à ses bienfaits, et lui doivent en partie leur éducation cléricale.

Après avoir surmonté avec beaucoup de patience et de sagesse les difficultés et les embarras inséparables de l'ouver-

---

séquent recueillir une succession. En sorte que les âmes bienfaisantes qui voulaient venir au secours des églises ou des séminaires, choisissaient les supérieurs ou une autre personne de confiance, pour être les organes de leurs pieuses libéralités.

ture d'une grande succession (1), M. Guillet vendit à la famille de Maistre le beau domaine de Bissy, pour le prix de 70,000 francs, qu'il employa soit à payer les dettes et dépenses courantes du séminaire, soit à fonder la petite communauté qu'il appela du nom de *St-Louis-du-Mont*. Ce fut pour mettre ce petit-séminaire sous la protection spéciale de l'*angélique jeune homme* pour lequel il professait une piété si tendre et si affectueuse, dévotion qu'il savait si bien communiquer aux jeunes séminaristes. Nous tous qui lui avons entendu développer et les qualités aimables, et les vertus toutes célestes, et la puissante médiation de saint Louis de Gonzague, nous garderons toujours l'impression de ses touchantes allocutions. Ah! qu'il était éloquent et persuasif, ce bon supérieur, quand il retraçait à la jeunesse la modestie, la pureté sans tache, l'humilité et la ferveur du jeune prince de Châtillon!

Selon le plan de M. Guillet, l'établissement de St-Louis-du-Mont, dont le site est si gracieux, l'air si pur et le paysage d'une beauté ravissante, devait servir d'école préparatoire au petit-séminaire déjà établi dans les bâtiments du grand-séminaire (quartier nord-ouest), dans lequel on enseignait les belles-lettres et la philosophie, sous un règlement et un régime entièrement distincts du grand-séminaire, si ce n'est pour les offices divins et le réfectoire.

Obligé de faire marcher ensemble ces trois communautés,

---

(1) Dans la première année qui suivit la mort de M. de Comnène, M. Guillet eut à payer plus de 22,000 francs, pour droits de succession, pour acquit des legs, dettes courantes, etc. En sorte que la dépense s'éleva au-dessus des recettes tant ordinaires qu'extraordinaires, comme on le voit par le livre de comptes concernant la succession Comnène, an 1805 et 1806.

dont il était l'âme et l'unique supérieur, son zèle et son activité suffisaient à tout.

Après avoir montré et la science du théologien dans les classes ou les conférences qu'il donnait aux moralistes, et les profondeurs de la spiritualité dans les méditations du matin et les lectures du soir, on l'entendait avec un égal plaisir expliquer les éléments de la doctrine chrétienne à de jeunes écoliers. Il assistait aux répétions ou revues de chaque mois, applaudissait aux efforts des plus diligents, stimulait l'indolence ou l'irréflexion de plusieurs; enfin, il savait se faire petit avec les petits, pour les instruire et les gagner tous à Jésus-Christ, et les préparer de loin à devenir ses ministres et les docteurs de sa loi. Aucun soin, aucun détail ne lui coûtait, parce qu'il était animé d'un zèle brûlant pour la gloire de Dieu et la sanctification de la jeunesse. Voilà pourquoi il ne se donnait pas un instant de repos et ne reculait devant aucun sacrifice, afin d'avancer l'œuvre de Dieu, en cultivant les jeunes lévites que le Seigneur s'était choisis, et en les conduisant dans la voie de leur sainte vocation.

Ceux qui ont eu l'avantage de lui découvrir les plaies secrètes et les misères de leur âme, se rappellent encore avec attendrissement combien il était bon et compatissant envers tous! comme il savait exciter le repentir et l'esprit de pénitence! comme il dévoilait les trésors de l'infinie bonté envers le fils égaré qui revient à la maison de son père! comme il aplanissait les voies de la sainteté, et rendait la vertu aimable par tous les charmes du divin amour! quelle douce lumière, quelle bienfaisante chaleur il faisait pénétrer dans l'âme de son pénitent! Quand on avait reçu la bénédiction de ce bon père, et qu'on s'éloignait de lui pour faire place à un autre, on éprouvait dans son intérieur un travail indéfinissable ; on aurait dit, comme autrefois les deux disciples d'Emmaüs : *Nonne ardens erat cor nostrum, dum loqueretur nobis in via?* (Luc. xxiv, 32).

Ce guide éclairé et charitable aimait à bénir et à consoler ; mais il savait aussi corriger et reprendre à propos. Il ne souffrait pas qu'on altérât les saintes règles de la morale évangélique par des adoucissements pusillanimes. Il montrait au jeune homme sa passion dominante, et il voulait qu'il employât tous ses efforts à la combattre, jusqu'à ce qu'il eût remporté une pleine victoire. Tous les conseils qu'il lui donnait dans la direction tendaient à cette fin. Il n'aurait pas permis qu'on alliât les pratiques de la dévotion avec des habitudes de négligence et de sensualité. Ainsi il n'accordait la communion fréquente qu'à ceux qui travaillaient sur eux-mêmes, et s'appliquaient tout de bon à la pratique des vertus chrétiennes et cléricales.

Pour réprimer l'amour-propre et la suffisance, il ne cessait de nous inculquer cette maxime du pieux auteur : *Ama nesciri et pro nihilo reputari*. Quand, après avoir donné bien des conseils et des avertissements charitables, il rencontrait un de ces orgueilleux, pleins d'estime pour eux-mêmes, méprisants pour les autres, indépendants et quelquefois frondeurs à l'égard de l'autorité, il le prenait à part et lui disait : « Mon ami, « vous ne paraissez pas fait pour le sacerdoce, qui n'admet « que des sujets humbles et soumis ; vous ferez bien de choisir « un autre état où vous puissiez vous conduire par vous-même. « Dans l'état ecclésiastique vous auriez trop de violence à vous « faire, et le bon Dieu ne vous bénirait pas. »

De 1805 à 1810, le grand-séminaire prit un développement rapide et très-consolant pour son vénérable chef et pour tout le diocèse. Bientôt les ordinations devinrent assez nombreuses pour combler les vides les plus pressants, soit dans les paroisses, soit dans les établissements nombreux que le zèle du clergé faisait naître dans toutes les provinces de ce vaste diocèse.

M. Guillet, qui avait déjà fondé le petit-séminaire de St-Louis, contribua aussi beaucoup à l'établissement de celui de Rumilly, heureuse création, qui devint une pépinière d'excellents sujets. Déjà avant la révolution, le collége de Rumilly avait donné à l'Eglise une légion de prêtres généralement remarquables par leur piété solide, la franchise et la bonté de leur caractère, la vivacité de leur esprit, leur zèle actif et toujours soutenu par la pratique des vertus sacerdotales. Il en restait encore cinquante, lors de la restauration du collége et petit-séminaire de Rumilly, qui ne tarda pas à fournir au grand-séminaire d'assez riches et nombreux éléments pour le sacerdoce.

A Rumilly, et dans certains autres cantons de notre Savoie, la vocation au sacerdoce est en grande estime. Elle fait l'objet d'une louable ambition et d'une sorte d'émulation entre les familles les plus honnêtes et les plus religieuses ; parce que de temps immémorial la foi et la piété y ont conservé leur empire. Dans ces familles chrétiennes, l'état ecclésiastique est le premier et le plus honorable des états. Un père et une mère ne conçoivent pas de plus beau jour que celui où ils pourront, après bien des sacrifices, assister à la première messe de leur *jeune abbé*, et recevoir de sa main la sainte communion. Les inspirations de la piété, et même un peu l'expérience, leur ont appris qu'un bon prêtre devient un ange gardien dans une famille ; un guide, un conseiller pour ses jeunes frères ; un consolateur, un appui dans les malheurs de la vie ; un encouragement pour tous les membres de la famille à ne jamais s'écarter des voies de l'honneur et de la vertu ; un lien de paix et de conciliation dans les difficultés qui peuvent survenir ; un intercesseur auprès de Dieu pour tous ceux qui lui sont unis par les liens du sang ou de l'amitié.

Depuis que l'Eglise a été dépouillée de toutes ses richesses, il n'y a plus que les considérations de cet ordre qui puissent engager les familles à lui dévouer leurs enfants et à fournir aux frais d'une éducation cléricale. Aussi, ceux dont toutes les pensées sont pour la fortune et les honneurs de ce monde, ne nous envoient plus leurs enfants. Pour eux, le sacerdoce n'a plus eu d'attrait, dès qu'il a été réduit à la pauvreté, aux humiliations et aux travaux de l'apostolat. Peut-être les verrait-on de nouveau assiéger le sanctuaire, si jamais ils y voyaient briller l'or et les dignités. En attendant, la nouvelle milice, assez semblable à celle qui fut choisie par le divin Rédempteur, pauvre et dénuée de tous les avantages humains, libre de tous les embarras de la fortune, continuera à évangéliser les pauvres, à instruire les ignorants, à consoler les malheureux, et à étendre le règne de Jésus-Christ par ses travaux, son dévouement et ses vertus.

CHAPITRE X.

M. Guillet fait paraître ses *Projets pour un Cours complet d'Instructions familières*.

Quand on a connu la multiplicité et le détail des occupations de notre infatigable supérieur, on est profondément étonné, et l'on ne comprend pas comment il a pu trouver quelque loisir pour se livrer à la composition! Ce fut dans le cours des années 1807 et 1808 qu'il mit la dernière main à son grand ouvrage, imprimé à Lyon chez Rusand, sous le titre bien connu de *Projets pour un Cours complet d'Instructions familières*.

Il serait superflu de s'étendre ici à faire l'éloge de cet excellent ouvrage, qui a été si bien apprécié par tout le clergé de France et de Savoie. Il s'en est fait successivement plusieurs éditions, qui se sont écoulées très-rapidement; on nous assure même qu'il a été traduit chez les nations qui ne parlent pas notre idiôme, et que partout il est goûté comme un excellent modèle à suivre pour l'instruction du peuple.

M. Guillet avait commencé cette série d'instructions depuis bien des années. Déjà il y avait travaillé dans l'émigration en Piémont, où l'on a vu (ci-devant, page 13) qu'il fit paraître des

Projets d'instructions sur la Religion, l'Eglise et autres sujets relatifs aux circonstances actuelles.

L'ouvrage fut continué à St-Ombre et peut-être même auparavant à l'île de Rhé. Le principal dessein de M. Guillet, a été d'offrir au clergé et au peuple une explication claire et solide des vérités de la religion et des devoirs du chrétien, selon l'ordre du catéchisme alors reçu dans tout l'empire français.

Excellent catéchiste lui-même, il avait compris combien il est difficile de présenter à l'assemblée des fidèles un catéchisme exact et solide dans la doctrine, assez clair pour être compris de tout le monde; familier sans être trivial et sans avilir la parole de Dieu; assez développé pour que chaque fidèle puisse y reconnaître le portrait de ses mœurs et de ses défauts; assez intéressant, assez varié dans sa forme pour ne pas fatiguer des auditeurs d'une piété commune.

Il savait aussi que les jeunes ecclésiastiques, faute d'expérience, ne sont que trop enclins à réserver le catéchisme pour les enfants, et à donner au peuple des instructions dans une forme plus relevée, plus oratoire, plus retentissante, où ils puissent se livrer avec plus d'abandon aux inspirations d'une imagination vive, et aux ardeurs d'un zèle plus impétueux qu'éclairé. Ce genre d'instructions peut être utile et convenable aux jours de grandes fêtes, et dans certaines occasions particulières, dont la sagesse du pasteur sait tirer un grand parti pour éclairer son peuple et le réveiller de son assoupissement.

Mais pour établir et conserver la connaissance de la religion dans une paroisse, il faudra toujours en venir à des instructions suivies, qui embrassent le dogme et la morale, et qui soient comme une théologie abrégée, à l'usage du peuple ; il faudra que l'exposition de la vérité soit établie sur des preuves solides et mises à la portée des intelligences les plus communes; il faudra y insérer à propos le récit de quelques traits frappants, tirés de nos livres saints ou de l'histoire de l'Eglise; il conviendra assez souvent de descendre des hautes considérations du dogme ou de la morale évangélique, à des exhortations vives et touchantes, où l'âme du pasteur se livre aux émotions, aux plaintes, aux douleurs de la tendresse paternelle. Telle fut toujours la méthode de M. Guillet. Tout cela, sans doute, exige du travail, des études et des réflexions suivies ; tout cela est coûteux à la nature et pourrait quelquefois déconcerter la négligence, ou bien fatiguer l'impétuosité du jeune homme. C'est pour lui servir de modèle, et lui aplanir les difficultés inévitables dans cette importante fonction, que M. Guillet a conçu le plan de ses projets d'instructions. Voilà pourquoi, après une exposition succincte et toujours claire de chaque vérité, il indique les lacunes à remplir, les détails pratiques qu'il convient d'ajouter, les sources où il faut puiser, les endroits où il est bon de citer quelques traits édifiants, etc.

Oh ! que de services il a rendus par cette heureuse production de ses travaux et de son expérience ! A combien de jeunes ecclésiastiques il a appris l'art si important et si difficile de faire connaître la religion aux simples, de leur présenter le pain de la divine parole de manière à le leur faire goûter, de les assujétir à la sévérité de la morale évangélique sans les rebuter, enfin de leur montrer à nu leurs défauts et leurs mauvais penchants, sans les froisser ni les décourager.

Pour rédiger ses instructions, M. Guillet s'est beaucoup servi d'un auteur italien, le P. Bressanvido, dont il faisait avec raison le plus grand cas (1). Comme il n'aspirait point à la gloire de donner du neuf, il n'avait pas la moindre peine à avouer lui-même que le P. Bressanvido lui avait été d'un grand secours. Dans la composition de son ouvrage, comme dans toute sa conduite, M. Guillet n'a cherché d'autre gloire que celle de Dieu.

Au jugement de sa foi (et il n'avait pas d'autre guide), faire entrer dans l'âme d'un pauvre chrétien un rayon de lumière, une bonne pensée, un mouvement de repentir, un sentiment d'amour, une consolation religieuse, un encouragement pour le bien, cela valait incontestablement mieux que tous les succès littéraires les plus brillants et les plus flatteurs. Ce n'est pas qu'il fût étranger aux secrets de l'éloquence. Et en effet, combien de morceaux dans ses instructions qui élèvent l'âme, la réchauffent et la remplissent d'admiration, de confiance et d'amour pour Jésus-Christ et sa loi sainte! N'est-ce pas là le triomphe de l'éloquence évangélique?

Au reste, nous qui l'avons entendu dans ses méditations du matin, aurions-nous oublié l'onction toute céleste de ses touchantes allocutions? Sans aucun artifice, sans aucune recherche de langage, dès qu'il parlait de Dieu et de son immense bonté pour les hommes, et des exemples que Jésus-Christ nous a

---

(1) Un respectable ecclésiastique de ce diocèse vient de publier une fort bonne traduction française de cet excellent ouvrage. Par là, M. l'abbé Pétigny a rendu un important service aux pasteurs et aux fidèles, en mettant à la portée de tous ce précieux trésor d'instructions religieuses.

Voy. *Instructions morales sur la Doctrine chrétienne*, par Ildefonse de Bressanvide, ouvrage traduit par M. l'abbé Pétigny. — A Lyon, chez Pelagaud et Lesne. — La suite, chez Guyot père et fils; 1843.

laissés, et des charmes de la vertu, son âme tout émue laissait échapper des traits si remplis de chaleur, si tendrement passionnés, qu'ils allaient infailliblement au cœur. Il me souviendra jusqu'à mon dernier soupir, d'une méditation qu'il nous proposa en 1812, le jour de la fête du *saint Nom de Jésus*. Avec quelle respectueuse confiance et quel saint abandon ce pieux vieillard prononçait lui-même et nous apprenait à invoquer le *Nom de Jésus !* Il nous plaçait dans les différentes situations de la vie, au milieu des tribulations et des plus furieuses tempêtes,... puis il nous redisait comment il fallait alors diriger nos cœurs et nos soupirs vers le ciel en invoquant le saint *Nom de Jésus !* Et ces traits enflammés qui nous remplissaient de confiance et nous attendrissaient jusqu'aux larmes, on voyait bien qu'ils n'étaient pas le résultat d'une ferveur passagère, mais plutôt le langage habituel de sa piété dans ses entretiens avec Dieu. *Credidi propter quod locutus sum* (Ps. cxv). Le prêtre qui saura puiser dans les mêmes sources, sera toujours éloquent auprès des fidèles, lors même qu'il ne serait pas très-habile dans les lettres humaines. M. Guillet ne trouvait pas mauvais qu'on embellît la parole du salut de tous les charmes de l'élocution; mais il voulait surtout qu'on parlât le langage de la foi, et qu'on fît connaître à des chrétiens Jésus-Christ et sa croix. Il aurait volontiers dit comme saint Paul à ceux de Corinthe : *Veni non in sublimitate sermonis aut sapientiæ annuntians vobis testimonium Christi. Non enim judicavi me scire aliquid inter vos, nisi Jesum Christum et hunc crucifixum.* (I. Cor. ii, 1, 2).

On a reproché aux instructions de M. Guillet, peut-être avec un peu de fondement, de manquer de méthode et d'enchaînement dans l'ordre des matières, et de ne pas assez approfondir certains sujets. On aperçoit en quelques endroits que l'auteur a travaillé un peu à la hâte et au milieu de bien des préoccupations. Mais ces quelques imperfections sont abondamment compensées par la richesse du fond et des détails, par une grande mesure de sagesse, de modération, de piété et d'onction apostolique, qui se fait sentir dans ce précieux cours d'instructions, un des meilleurs qu'il y ait en ce genre.

M. Guillet est aussi auteur d'un petit *Règlement de vie à la portée des gens de la campagne*; ouvrage excellent, et qui renferme en un petit nombre de pages les règles les plus sages et les plus précises sur les devoirs de ceux à qui il est destiné (1). Selon l'auteur de la Notice que j'ai souvent citée, « M. « Guillet se proposait de compléter son cours d'instructions, « en ajoutant, à la suite des projets sur le catéchisme, de « semblables projets sur les évangiles des dimanches de « l'année, sur les missions, les sacrements, etc. (2). Il avait « aussi formé le plan d'un abrégé de morale, qui, à en juger « par les conférences qu'il donnait de vive voix, aurait été « excellent ; mais une mort prématurée a privé les pasteurs de « ce secours, et les fidèles des avantages qui leur en seraient « revenus (3). »

Il reste au grand-séminaire un manuscrit de M. Guillet, intitulé : *Instructions pour MM. les ecclésiastiques préposés à la direction du séminaire de Chambéry*. Rien de plus propre à faire connaître l'esprit de piété et de sagesse de l'auteur, et la

---

(1) Voir la Notice sur M. Guillet. (*Ann. eccl.*, p. 117.)
(2) Cet ouvrage a paru chez Rusand, sous le titre d'*OEuvres posthumes* de M. Guillet.
(3) Notice sur M. Guillet. — Fin.

profonde connaissance qu'il avait acquise du cœur humain, que ses admirables leçons aux directeurs et à tous les employés du séminaire, sur leur sanctification personnelle, sur les rapports et les égards qu'ils doivent avoir les uns pour les autres, sur la manière de connaître les élèves, de gagner leur confiance, de les diriger, de corriger leurs manquements et leurs défauts, et de les assujétir à l'observance de la règle. Il y a des avis également sages sur l'enseignement, sur les exercices de piété et sur tout le détail de la conduite de ceux qui exercent quelque emploi dans la maison. Nous conserverons ce précieux dépôt comme un héritage de famille, et nous tâcherons d'y puiser les lumières dont nous avons besoin pour remplir l'importante mission que l'Eglise nous impose.

CHAPITRE XI.

Epreuves et contradictions qui affligent M. Guillet aux derniers temps de sa vie.

L'œuvre du grand et des petits-séminaires se poursuivait avec les succès les plus consolants. Une nombreuse jeunesse se rendait à Chambéry de toutes les parties de la Savoie et même des diocèses étrangers, pour se former sous la direction de M. Guillet et de ses dignes coopérateurs. La docilité, les talents, le bon esprit et les heureuses dispositions de ces pieux lévites, donnaient les plus belles espérances pour l'avenir du diocèse. Tous entouraient M. Guillet de confiance et d'amour. Tel était l'ascendant de son mérite et de ses vertus, qu'on peut dire que son ombre seule suffisait pour tenir tout en ordre et donner l'impulsion à cette grande famille. Chaque année, il sortait de ce cénacle une légion de jeunes apôtres, qui reportaient au loin la douce influence du zèle, et l'ardente charité du vénérable chef qui les avait remplis de son esprit. Il semblait donc que rien ne manquât à la satisfaction de ce bon supérieur.

Mais il est de la destinée du juste d'être condamné sans relâche aux combats et aux épreuves. C'est même à la fin de leur carrière que le Seigneur ménage à ses élus les plus rudes tribulations. On ne sera donc pas étonné que M. Guillet ait eu à s'abreuver largement au calice des amertumes, avant d'aller goûter le repos de la patrie céleste.

Il me serait impossible d'exposer ici tout ce qu'il eut à souffrir à l'occasion des persécutions de l'Eglise dans le cours des années 1810, 11, 12. A cette fatale époque de notre histoire, un soldat couronné était parvenu au plus haut point de sa gloire. On pouvait dire de lui, comme des héros de la Grèce : *Siluit terra à faciæ ejus.* MAC... Quand la tête de ce colosse se fut élevée jusqu'aux nues, elle fut saisie de vertiges. Il avait foulé aux pieds les peuples et les rois, il voulut aussi asservir l'Eglise et son chef. Il n'eut pas assez de lumières pour comprendre que le trône du vicaire de Jésus-Christ a été établi sur des bases tout autrement solides que celui des empereurs de la terre. Quand il voulut toucher à cette pierre fondamentale du divin édifice, elle roula sur lui pour l'écraser. La courageuse résistance du vieillard qui tenait alors la houlette de Pierre, déconcerta et mit en fureur l'empereur despote dont la tyrannie pesait sur l'univers. Dans son délire, il eut la barbarie d'abreuver d'humiliations et de mauvais traitements cet auguste pontife! Il osa charger de chaînes ces mains vénérables qui lui avaient imprimé l'onction royale. De là aussi tant de tyrannies et tant d'odieuses vexations exercées sur le collége des cardinaux, sur les évêques et les pasteurs les plus remarquables par leurs vertus et leur inviolable attachement au siége apostolique. Que d'illustres proscrits traversaient alors notre ville pour être transférés à Paris, ou dans différentes prisons du grand empire! Que de tristes nouvelles venaient chaque jour alarmer et attrister nos supérieurs, qui se montraient si sensibles aux malheurs et aux périls de la religion! On ne savait trop à quelles extrémités pouvait se porter la colère du tyran, surtout après que plusieurs tentatives d'accommodements eurent échoué; après la dissolution du fameux concile (Paris, 1811) qui avait tenu toute l'Eglise dans les plus cruelles alarmes; après que la résistance de l'immortel évêque de Gand et de son clergé eut amené la dissolution de son grand-séminaire, dont tous les membres furent enrégimentés dans un corps de pionniers.

A cette occasion, M. Guillet ne laissa point ignorer à son séminaire que pareil malheur pouvait le menacer. Il annonça donc publiquement que tous les séminaristes qui voudraient se retirer chez leurs parents, en obtiendraient la permission sans difficulté, et que ceux qui resteraient au séminaire devaient se préparer à la persécution et peut-être au martyre. Pas un séminariste ne demanda à sortir, et jamais on ne montra plus d'empressement pour le bien, ni plus de gaîté pendant les récréations. Ce fut alors que M. Guillet proposa aux théologiens, pendant près de deux mois, une suite de méditations, vraiment incomparables, sur les sentiments d'abnégation et de dévouement qu'on doit à l'Eglise dans les mauvais jours. Ce langage avait une onction toute particulière dans la bouche de ce vénérable confesseur de la foi, lui dont les mains avaient porté des chaînes pour rendre témoignage à Jésus-Christ et à l'autorité de son Eglise.

C'est à cette même époque que se rattache la détention de M. l'abbé Rey au grand-séminaire, pour s'être compromis avec les agents de la tyrannie, par son héroïque attachement au souverain pontife, prisonnier à Savone (1). Cette détention

---

(1) « En 1811, il eut (M. Rey) l'occasion de montrer le courage de son dévouement à l'Eglise dans la personne de son auguste chef. Le brave et pieux Berthaud du Coin, de Lyon, s'était chargé de porter au pape, prisonnier à Savone, des dépêches secrètes de la part des cardinaux retenus à Paris sous la garde d'une police ombrageuse. L'abbé Rey, dont les sentiments étaient bien connus, eut le secret de cette mission importante. Il se prêta courageusement aux démarches qui devaient en assurer le succès. Les dépêches lui furent adressées à Chambéry, d'où il les fit parvenir à Savone, où M. du Coin les glissa adroitement dans les mains de Pie VII, à la faveur de la cérémonie du baisement des pieds. Le succès était complet ; mais M. Rey et M. du Coin le payèrent de leur liberté.....

« A ce premier crime il (M. Rey) en avait joint un second, en recueillant des aumônes pour les cardinaux *noirs*, à qui Napoléon avait retiré tout subside, pour les punir de leur refus d'assister à son mariage. Son arrestation fut résolue et exécutée dans les premiers jours du printemps de 1811.....

« Mgr de Solle, averti de cet événement, court aussitôt chez le préfet réclamer son secrétaire. Ses démarches furent inutiles : tout ce que ses prières purent obtenir, c'est que M. Rey aurait pour prison une chambre du grand-séminaire.

« La surveillance fut d'abord rigoureuse. Gardé à vue, notre prisonnier ne

honorable devint pour lui une source de consolations, et un grand sujet d'édification pour le séminaire. Le pieux captif logeait avec son gardien à côté du supérieur. Ce rapprochement providentiel cimenta l'union qui régnait déjà entre ces deux cœurs si bien faits l'un pour l'autre. A quelques pas de là, (à l'angle sud-est de la maison) habitait M. le grand-vicaire Bigex. On aime à voir réunis dans un cadre si resserré, ces trois hommes qui ont fait tant de bien à l'Eglise, et se sont acquis une illustration si justement méritée. Quoique avec une tournure de génie et des caractères bien différents, un même sentiment de foi, de dévouement à la religion et de confiance

pouvait faire un pas sans son gendarme. Cette rigueur fut un trait de miséricorde pour celui-ci : le spectacle de la joie pure, de la patience et de la piété du captif, rappela à son esprit les principes religieux qu'il avait oubliés dans le tumulte et la licence des camps. La prière, dont la pratique lui était inconnue, eut des attraits pour son cœur. Qu'il était beau de les voir tous deux à genoux devant un même crucifix, confondant leurs prières, l'un demandant le salut de son geolier, et l'autre la délivrance de son prisonnier !

« La prison de M. Rey s'agrandit : au lieu d'une chambre il eut tout le séminaire. Il profita de ce commencement de liberté pour faire, chaque matin, à la demande du supérieur, M. Guillet, aux séminaristes, une instruction en forme de méditation. Il parla ainsi pendant deux mois, sans lasser ses jeunes auditeurs..... On ne savait ce qu'il fallait le plus admirer de la flexibilité ou de la pénétration de son esprit. Aucun point de la vie chrétienne et ecclésiastique n'échappait à son œil scrutateur; et les vérités les plus connues prenaient dans sa bouche des formes si neuves, si riches et si variées, elles étaient présentées avec tant de clarté et d'onction, qu'elles soumettaient les esprits les plus difficiles et subjuguaient les cœurs les plus rebelles.

« Les fruits de ces pieux exercices fixèrent l'attention de M. Bigex. Il vit dans l'abbé Rey un de ces hommes extraordinaires que Dieu suscite dans sa miséricorde pour l'accomplissement de quelque grand dessein. D'autres en grand nombre avaient avant lui évangélisé les peuples; lui, il évangélisera les peuples et les pasteurs.... » (Extrait de l'excellente Notice sur Mgr Rey, qui a été insérée dans le *Journal de Savoie*, au printemps de l'année 1842.)

mutuelle, rapprochait ces trois grandes âmes. La vivacité d'esprit, la gaîté, la pétulance et la candeur séduisante du jeune abbé Rey, plaisaient beaucoup à M. Guillet. Ils avaient souvent des entrevues et prenaient ensemble leurs récréations. Leur conversation était vive, animée, toute pétillante d'esprit et d'un enjouement parfait. M. Bigex, plus grave, plus austère, toujours préoccupé des grandes affaires du diocèse et des intérêts généraux de l'Eglise, ne se déridait que rarement. Cependant, quand il se trouvait en société avec MM. Guillet et l'abbé Rey, ou quelques autres amis, il devenait aimable et semblait se rapprocher un peu de la commune condition. Pour nous, jeunes élèves, à peine osions-nous élever nos regards jusqu'à lui. Quand nous voulions nous former une image des Athanase, des Jérôme, des Basile, des Grégoire, nous nous placions à une juste distance pour contempler ce grand homme. S'il daignait nous accorder un sourire d'encouragement, c'était plutôt un trait d'urbanité, un acte de charité chrétienne, qu'un mouvement spontané. Cependant, combien le sacerdoce nous paraissait grand et respectable, lorsqu'il se montrait à nous sous l'emblême de cet homme supérieur!

Pour utiliser les loisirs de M. Rey durant sa captivité, M. Guillet le pria de donner aux théologiens les sujets de méditation du matin, pendant deux mois, et ensuite les exercices de retraite pour les ordinands. Il remplit ces différents exercices de manière à ravir tous ses auditeurs, et à combler de joie et d'espérance le respectable supérieur qui l'en avait chargé. Dès lors, MM. Bigex et Guillet comprirent le talent et les aptitudes de M. l'abbé Rey, et lui firent un devoir de se livrer à la prédication des retraites. La suite des événements a démontré que telle était sa vocation. M. Rey est devenu l'apôtre du clergé en Savoie et en France. On sait quel zèle brûlant, quelle prodigieuse éloquence il a déployés dans cet auguste ministère, et quels consolants succès il a obtenus! Il se plaisait à rapporter les prémices de son apostolat au temps de sa captivité au séminaire de Chambéry, et à l'ascendant de M. Guillet, qui était devenu son directeur et son ami de cœur. Il goûtait une grande consolation en songeant que c'était un saint qui lui avait montré la voie, et semblait lui avoir dit au nom de Dieu : *Allez évangéliser les peuples et surtout les pasteurs.* C'est sans doute à la même cause qu'il faut attribuer la grande affection que ce saint prélat a conservée jusqu'à la fin pour notre maison. Sa mémoire y sera toujours entourée de respect et d'amour. D'autres mains plus habiles ont répandu des fleurs et des couronnes sur sa tombe; celui qui écrit ces lignes ne saurait y répandre que des larmes!

Voici un autre genre de tribulations qui vint affliger notre digne supérieur en l'année 1812. Malgré son extrême prudence à éviter tout ce qui aurait pu donner de l'ombrage au gouvernement, le monopole universitaire, dès lors tout-puissant et très-hostile au clergé, lui suscita toute sorte de vexations. On l'obligea à fermer son petit-séminaire de St-Louis-du-Mont, et à faire descendre toutes les classes pour suivre les cours du collége impérial. Ce fut un surcroît d'embarras pour M. Guillet et ses coopérateurs. Le grand-séminaire était déjà encombré d'élèves, au point que leur santé fut plus d'une fois gravement compromise. Pour laisser un peu de place aux étudiants du petit-séminaire, bientôt il fallut détacher du grand une partie des théologiens, pour les envoyer à St-Louis-du-Mont, sous la direction de M. Billiet.

CHAPITRE XII.

Dernière maladie et mort de M. Guillet.

A la suite de tant de secousses et de tant de travaux, la santé de M. Guillet se trouva gravement compromise dans le courant de l'été 1812. « Il dépérissait à vue d'œil, et refusait « encore de croire qu'il était malade. Aussi dur pour lui-même « qu'il était tendre envers les autres, il ne consentit à cesser « son travail, que lorsque le mal fut sans remède. » (Notice sur M. Guillet, *Ann. ecclés.* 1822).

Quoique déjà très-affaissé, il voulut encore prendre part à la solennité de la saint Vincent-de-Paul, fête patronale du grand-séminaire. Le soir de la fête, au moment où Mgr de Solle allait donner la bénédiction du Saint-Sacrement, M. Guillet, sans être attendu, pénétra dans le sanctuaire par la porte de la sacristie, et s'agenouilla sur la première marche de l'autel du côté de l'Evangile. Lorsque, dans la cérémonie du salut, Mgr se retourna de ce côté avec l'ostensoir, et qu'il aperçut à ses pieds ce saint vieillard, pâle, recourbé, sans forces, et n'étant plus soutenu que par sa foi vive, le pontife fut ému : il fit une pose assez longue pour bénir cette tête vénérable. Cette scène fut sublime. Les larmes étaient dans tous les yeux. Tous les cœurs, dans une adoration muette, se réunirent à celui du bon prélat pour demander une insigne faveur au Dieu de charité. Cette grande famille plongée dans l'affliction et les alarmes, levait des mains suppliantes vers les divins tabernacles, pour obtenir la conservation d'un père; mais elle conservait peu d'espérance. Le fruit paraissait mûr pour le ciel; les liens qui le retenaient sur la terre étaient sur le point de se rompre.

Mgr de Solle en était profondément affligé, car il affectionnait beaucoup notre vénérable supérieur, et lui accordait une grande confiance. Il connaissait le mérite du trésor que la Providence lui avait ménagé, pour former la milice du sacerdoce. Combien il redoutait d'avance la perte dont il était menacé! Jusque-là, il avait eu l'insigne avantage de n'avoir autour de lui, pour l'aider à porter la charge pastorale, que des hommes d'un mérite supérieur; soit dans son conseil d'administration (où siégeaient les de Thiolaz, les Bigex, les de Maistre), soit dans le chapitre de sa cathédrale, soit dans son séminaire diocésain, etc. Aussi avec quelle dignité et quels succès la religion reprenait son empire dans son vaste diocèse!

Ce pontife aimable (1), avec une santé délicate, une voix presque éteinte, qui ne lui permettait guère le ministère de la parole dans la haute chaire, ne laissait pas que d'exercer une

---

(1) Mgr de Solle, nommé évêque de Digne, en exécution du concordat, fut transféré au siége de Chambéry et Genève, au mois de janvier 1815, par suite de la démission de Mgr de Mérinville, qui devint chanoine de Saint-Denis.

heureuse influence sur son clergé, sur les administrateurs de l'époque et sur toute sa ville épiscopale. L'aménité et la douceur de son caractère, la dignité de ses manières, le charme de sa conversation, toujours si piquante et si variée, enfin sa grande bonté d'âme produisaient sur nous tous une séduction irrésistible. En contemplant ce beau vieillard dans les grandes cérémonies, ou à la tête de son clergé, on aurait cru voir le cygne de Cambrai; nous surtout, qui avions reçu de lui l'imposition des mains, nous étions ses enfants de prédilection; nous avions l'assurance qu'il nous aimait, et il savait nous le témoigner à propos et sans faiblesse. Nous ne craignions pas d'aller à lui pour lui communiquer nos peines et lui demander ses conseils. On lui aurait confié sans crainte l'aveu d'une imprudence; je crois même qu'au besoin, un sujet compromis l'aurait prié d'intercéder pour lui auprès de ses grands-vicaires. S'il était obligé d'avertir ou de reprendre, il le faisait avec des paroles si douces et tous les signes d'une émotion qui allait au cœur. Quand la houlette du premier pasteur se trouve en de telles mains, on ne la redoute pas; on s'incline devant elle avec respect, on la baise avec amour.

La maladie de M. Guillet fut longue et pénible. Il était habituellement tourmenté par des quintes de toux très-violentes, par des points de côté très-douloureux, et par des étouffements ou des langueurs peut-être aussi difficiles à supporter. Cette victime dévouée au divin amour, se consumait lentement, et achevait de s'épurer dans les souffrances et dans l'exercice des plus touchantes vertus.

Sa pauvre cellule était devenue comme un sanctuaire où nous venions tour-à-tour nous édifier, en contemplant le juste aux prises avec la mort. Toujours résigné, toujours uni à Dieu, toujours collé au pied de la croix, il ne demandait plus à Dieu d'autre grâce que celle de mourir dans son amour. Un jour un de ses élèves qui le voyait moins souffrant, lui dit : « Monsieur « le supérieur, vous allez mieux ; nous espérons que le bon « Dieu nous exaucera et qu'il vous rendra la santé. — Non, « répondit-il avec un visage serein, il n'en sera pas ainsi. « Depuis plus d'un an, j'ai demandé au bon Dieu une maladie « longue, afin d'avoir bien le temps de me préparer... Je vois « que le bon Dieu m'a exaucé, il ne reviendra pas en « arrière. »

Durant ses longues journées de douleur et ses nuits plus longues encore, il ne trouvait de soulagement que dans la prière et dans de pieux entretiens avec ceux qui le visitaient ou qui lui donnaient des soins. Souvent il se faisait lire quelques endroits de l'*Imitation*, qu'il désignait lui-même ; et après chaque verset, il voulait qu'on lui laissât un moment de pause pour méditer. Souvent aussi il avait recours à un petit recueil de passages des livres saints à l'usage des malades, qu'il avait composé lui-même quand il était en santé. Ainsi avançait-il vers la tombe, dans les plus parfaits sentiments de foi, de pénitence, d'humilité et de confiance en Dieu.

Cependant, pour épurer encore cette âme déjà si pure, Dieu permit qu'elle fût éprouvée par des mouvements de crainte et d'effroi. Un élève de théologie lui faisait une application pour soulager un point de côté qui le crucifiait. A ce moment le malade poussa de profonds soupirs, qui attendrirent le jeune abbé.... « Ce n'est rien, mon enfant, en comparaison des « flammes du purgatoire ! Oh ! que j'ai peur du purgatoire ! » Son humilité si vraie, si profonde, ne lui permettait pas d'espérer de jouir de la présence du Dieu trois fois saint, sans avoir subi les douleurs et les tristesses du purgatoire. Hélas! sans doute s'il eût été sans crainte vis-à-vis des sombres profondeurs du monde à venir, il eût été moins grand devant Dieu, et pour nous un modèle moins édifiant. Il paraît pourtant qu'à mesure qu'il approcha de sa dernière heure, ses alarmes s'affaiblirent pour faire place aux élans de la confiance et de l'amour. *Caritas foras mittit timorem* (1). Dans cette disposition, qui était chez lui habituelle et sans effort, il ne voulait pas qu'on le plaignît dans ses souffrances, ni qu'on se donnât trop de tourment pour le soulager. Jamais on ne vit un plus parfait modèle de résignation.

Quoique les mouvements de son cœur et ses pensées habituelles fussent pour le ciel, il ne perdait pas de vue son œuvre chérie; il s'en occupait, il en parlait fréquemment avec MM. les directeurs; il avait plaisir à ce qu'on lui rendît un compte exact de tout ce qui intéressait la communauté. On assure même que l'avant-veille de sa mort, il dicta encore des projets de règlement.

D'ailleurs, on peut le dire en toute vérité, sa maladie était pour nous tous une école de sainteté, un de ces enseignements qu'on n'oublie plus. Jamais la plus éloquente prédication n'aurait pu nous donner une idée si haute et si vraie de la perfection du sacerdoce. L'humble et pauvre couche sur laquelle ses membres desséchés cherchaient inutilement un peu de repos, était devenue une chaire, d'où le vénérable malade nous enseignait le grand art de terminer saintement une vie de dévouement et de sacrifices. La

---

(1) 1. Joan., c. IV, v. 18.

leçon qu'il donnait à l'un de nous, ne tardait pas à devenir commune à tous. Au sortir de sa cellule, chacun redisait à ses condisciples ce qu'il avait vu et admiré près de ce saint vieillard mourant (1). De nombreuses lettres empreintes d'une profonde douleur, parlaient chaque jour du séminaire, et reportaient au loin les mêmes impressions. L'alarme fut universelle dans le diocèse quand on sut que le danger était imminent, et il le fut peu après la rentrée des élèves, à la suite des féries de 1812.

Le moment était venu où ce bon père allait nous laisser orphelins, pour recevoir la couronne immortelle qui a été promise aux bons serviteurs. Après avoir reçu les derniers sacrements de la religion avec cette foi vive et cette piété tendre qu'il portait à l'autel depuis plus de 25 ans, il s'éteignit avec le calme et l'assurance des justes le 7 novembre 1812, à 4 heures du matin.

Quelle *mort précieuse et devant Dieu* et devant les hommes ! Ce saint prêtre quitte une vie de misères et d'afflictions pour aller goûter le repos dans le sein du Dieu qu'il a tant aimé, et qu'il a servi avec tant de fidélité ! Il quitte la terre de l'exil, dans les sentiments de la plus pure charité, consumé de travaux, comblé de mérites, entouré des bénédictions et des prières de ses nombreux élèves, de tout le clergé de Savoie et de toute la ville de Chambéry dont il était vénéré !

(1) Par son âge, M. Guillet n'était point encore au rang des *vieillards*; mais ses austérités et ses fatigues l'avaient usé avant le temps. A le voir, on lui aurait donné dix ans de plus qu'il n'avait.

Il termine sa sainte carrière à 54 ans, c'est-à-dire avant d'avoir subi le dépérissement et les faiblesses du dernier âge, avant d'avoir passé par cette redoutable épreuve, où trop souvent le prêtre s'affaisse, se survit à lui-même, et gâte en partie le bien qu'il a fait pendant les années de vigueur.

Il termine sa belle et honorable carrière, alors que son œuvre se trouve en voie de progrès. Il peut s'endormir paisiblement à l'ombre de ce grand arbre chargé de fleurs et de fruits, et dont les rameaux vigoureux promettent d'abondantes récoltes pour les années à venir.

Il termine sa belle et honorable carrière, alors que les ouvriers formés par ses mains sont encore remplis de son esprit et dans toute la ferveur primitive de leur consécration sacerdotale. Hélas ! s'il eût vécu plus long-temps, sans doute il aurait été bien consolé à la vue des travaux, des succès et des glorieuses destinées de ses premiers élèves ; mais aussi, peut-être aurait-il aperçu quelques infidélités, quelques défections qui l'auraient rempli d'amertume ! épreuve la plus cruelle qui puisse atteindre l'âme d'un supérieur de séminaire ! Qu'il me soit permis de citer ici un fait qui rendra mieux ma pensée.

Un jour un ecclésiastique d'un diocèse étranger se présente pour visiter le séminaire, qui avait été le berceau de son sacerdoce. Son regard était triste, et les rides profondes qui sillonnaient son front, annonçaient assez que de terribles tempêtes avaient passé par-là. Il demande à voir le supérieur actuel, pour lui offrir ses civilités et obtenir la permission de célébrer le saint sacrifice au même autel où il avait eu le bonheur de dire sa première messe.

Après les premiers compliments d'usage, il aperçoit vis-à-vis de lui le portrait de M. Guillet, son ancien supérieur. Dès ce moment, une émotion visible s'empare de son âme; il ne voit plus autre chose que cette image qui lui rappelle tant de souvenirs. Enfin il ne peut plus contenir son attendrissement. De grosses larmes coulent de ses yeux! « O bon monsieur Guillet! s'écrie-t-il d'une voix entrecoupée; ô bon supérieur! que vous me trouvez différent de ce que j'étais il y a 30 ans! Hélas! je n'ai pas toujours été fidèle à vos bons avis et aux promesses que je vous avais faites! O bon supérieur! pardonnez-moi!... Vous êtes au ciel, priez pour un pauvre malheureux! »

Témoin de cette scène attendrissante, je me mets en devoir de consoler et de rassurer ce prêtre, dont la modestie et la vive reconnaissance pour son ancien supérieur m'édifiaient beaucoup. Je ne puis réussir qu'imparfaitement à calmer sa douleur et ses cuisants regrets. Je ne doute pas qu'il n'ait arrosé de bien des larmes ce même autel où la main de M. Guillet l'avait fait monter bien des années auparavant.

A la sépulture de M. Guillet, « le deuil fut général, la perte
« était commune; les élèves du sanctuaire perdaient un père,
« le clergé un modèle, la jeunesse un ami, le public un
« bienfaiteur. Le chapitre de la cathédrale, le grand et le petit-
« séminaire, et un nombreux concours de fidèles de toutes les
« classes, formèrent son convoi; des larmes sincères coulèrent
« autour de sa tombe (1). »

Peu de temps avant de mourir, il avait demandé expressé-

---

(1) Notice sur M. Guillet (*Ann. eccl.*, 1822, page 111.)

ment à être enseveli dans le cimetière commun, et à être mis à la porte d'entrée, soit pour y être foulé aux pieds par tous les passants, soit aussi pour avoir part aux prières des fidèles qui entreraient au cimetière avec un sentiment de piété. Ce fait nous a encore été attesté récemment par un des fossoyeurs qui avaient creusé sa tombe, et qui nous a aidé à recueillir ses précieux ossements (1).

Je ne m'attacherai pas à présenter ici un tableau fidèle des qualités et des vertus éminentes de ce saint prêtre. On a pu en saisir quelques traits dans le récit qu'on vient de lire, tout imparfait qu'il est.

L'auteur de la biographie que j'ai citée bien des fois (2),

(1) On plaça sur cette tombe vénérée une pierre tumulaire avec cette inscription :

MORTUORUM RESURRECTIONEM
EXPECTAT
CUJUS JACENT HIC EXUVIÆ
D. BENEDICTUS GUILLET
ECCLES. CATHED. CAN. HONOR.
PRIMUS CAMB. SEM. SUPERIOR
STUDIOSÆ JUVENTUTIS PATER
CLERI NORMA
OMNIUM EXEMPLAR
VERBO POTENS
OPERE POTENTIOR
VIRTUTIBUS NON ANNIS PLENUS
OBIIT DIE VII NOVEMBRIS
M.D.CCC.XII
LUGEANT SED IMITENTUR
POPULUS LEVITA SACERDOS.

(2) Notice sur M. Guillet (*Ann. eccl.*, 1822, page 113.)

donne en peu de lignes une idée assez juste de son caractère.
« M. Guillet, dit-il, ne fut doué d'aucun de ces talents ou de
« ces qualités qui jetent au loin un grand éclat. La simplicité,
« la solidité, la bonté formaient ses traits les plus caractéristi-
« ques. Il avait un sens droit, un jugement sûr, une volonté
« assez lente à se décider ; mais forte et constante pour exé-
« cuter ; une étendue et une activité d'esprit qui le rendaient
« capable de suivre à la fois plusieurs affaires de nature
« différente. Quoique de mœurs très-austères, il ne manquait
« ni de gaîté ni même d'une sorte d'enjouement, lorsque les
« circonstances l'exigeaient. Son air ouvert, sa modestie, sa
« cordialité plaisaient à tout le monde. »

Aux vertus sociales, il joignit une pureté de vie, une délicatesse de conscience, un dévouement à la religion, qui en ont fait un modèle accompli de la perfection du sacerdoce.

Mais d'où lui venaient et cette ferveur de dévotion, et cet empire qu'il exerçait sur lui-même, et ce zèle si actif et si désintéressé pour la gloire de Dieu et les intérêts de l'Eglise ? Hélas ! sans doute, de si hautes vertus n'étaient pas innées dans son cœur : il a dû les puiser dans le sein du père des lumières, de qui seul émanent tous les dons parfaits ; il lui a fallu vaincre la nature, pour se transformer, sous l'action de la grâce, en un homme nouveau ; il lui a fallu acquérir la sainteté par beaucoup de combats, d'exercices, et à la sueur de son front.

M. Guillet avait une foi digne des temps apostoliques; faut-il s'étonner qu'il ait remporté tant de victoires, et qu'il se soit avancé d'un pas si ferme dans les voies de la perfection? Cette foi vive, qui fut le grand mobile de toutes ses œuvres, M. Guillet l'alimentait par la prière et par la méditation continuelle des leçons de celui qui est la *lumière du monde*, qui est la *voie, la vérité et la vie.* Docile à ce divin enseignement, M. Guillet avait pris au sérieux les saintes maximes de l'Evangile. Elles étaient pour lui autre chose qu'une belle poésie, un type merveilleux, offert à la contemplation des intelligences d'un certain ordre. Pour lui, la vie d'un prêtre, c'est celle dont Jésus-Christ et les apôtres nous ont donné l'exemple et la leçon. Il ne concevait pas autrement l'esprit du sacerdoce.

C'est parce qu'il vivait sous l'empire de la foi, qu'il fut d'une humilité si exemplaire. La foi seule nous donne une parfaite connaissance de Dieu et de nous-mêmes. Armé de ce divin flambeau, M. Guillet aimait à se placer vis-à-vis du *pontife* saint, *innocent, sans tache*, et cette vue le remplissait de confusion et d'une profonde abnégation de lui-même. Jamais il ne cherchait l'estime des hommes pour sa propre satisfaction; jamais il ne faisait rien pour sa propre gloire. Quand il lui survenait quelque humiliation, il en rendait grâces au Seigneur, et disait de grand cœur avec le roi prophète : *Bonum mihi quia humiliasti me!* « Depuis que je suis au monde, disait-il, j'ai
« déjà eu bien des humiliations à subir; mais qu'importe que
« je sois humilié ou non, pourvu que Dieu soit honoré! *Quid*
« *enim? dum omni modo Christus annuntietur.* (Philip. 1, 18).
« Oui, il est bon que nous soyons humiliés quelquefois; les
« humiliations nous font beaucoup de bien. »

Souvent aussi il nous rappelait ces paroles du Sauveur à ses disciples : Souvenez-vous bien que si vous ne devenez petits comme des enfants, vous n'entrerez point dans le royaume des cieux : *Nisi efficiamini sicut parvuli...* (Math. xviii, 3.). Il avait si bien compris que l'humilité est le fondement de la vie chrétienne, et surtout de la vie du prêtre, qu'il ne croyait jamais nous avoir assez inculqué cette grande leçon : *Ama nesciri et pro nihilo reputari...* Il avait pour maxime qu'un prêtre doit *faire le plus de bien possible, avec le moins de bruit possible.*

Ce même principe de foi, c'est-à-dire la connaissance de Dieu et de lui-même, retenait son âme dans un acte continuel d'adoration et d'obéissance à la volonté du souverain maître ; de là cette habitude de résignation, de patience et de douceur chrétienne dans les épreuves les plus pénibles, quoique de son naturel il ne manquât pas de vivacité. Quand il se trouva aux prises avec la persécution, accablé d'injures et de mauvais traitements, il ne lui échappa pas un mot de plainte, pas un signe d'indignation. Au milieu des embarras et des occupations les plus disparates, tiré pour ainsi dire dans tous les sens à la fois, il savait, à l'exemple du saint évêque de Genève, tenir son cœur à deux mains.

Nous le vîmes un jour au petit-séminaire (1811), dans un moment d'irritation et d'émeute ; sa voix, déjà affaiblie, fut presque couverte par les murmures d'un assez grand nombre de mutins ; son zèle fut grave et plein de dignité, mais il fut calme comme un rocher au milieu de la tempête. C'est dans de telles épreuves que se montre l'ascendant de la vertu. Dans les rencontres les plus difficiles, **M.** Guillet demeurait parfaitement maître de lui-même, parce que toute la vie il s'était appliqué à veiller sur lui-même et à mortifier ses inclinations.

M. Guillet, doux et indulgent pour les autres, était en effet très-dur à lui-même. Toujours en garde contre les attraits de la sensualité, il ne s'accordait aucune de ces douceurs ou de ces superfluités auxquelles la plupart des hommes mettent tant d'importance. A table, il ne prenait que les aliments les plus simples, et semblait être insensible à la qualité des mets. En son particulier, il exerçait sur lui-même bien d'autres mortifications, dont Dieu seul et ses anges furent les témoins.

Son détachement et son amour pour la pauvreté ne furent pas moins exemplaires. Cet esprit de pauvreté se montrait dans toute sa personne et dans toute sa manière de vivre. Sa chambre était dépourvue de tout ornement et n'avait pas même les meubles nécessaires ; sa soutane était du drap le plus simple et le plus grossier ; son chapeau de peu de valeur et *n'avait jamais l'air d'être neuf*, ainsi que le disait naguère un de ses plus dignes élèves. En le rencontrant dans les rues de Chambéry, on l'eût pris pour le plus pauvre recteur de nos montagnes. Jamais il ne s'est prévalu pour lui-même de la succession de M. de Comnène, qui cependant lui appartenait en toute propriété. La fortune ne lui a jamais procuré d'autre jouissance que celle de faire du bien aux pauvres. Son bonheur eût été de vivre au milieu d'eux et de les soulager dans leurs besoins. « A son retour du Piémont, il rencontra un jour sur sa route
« un soldat de la république qui cheminait nu-pieds, faute
« de chaussure. Aussitôt il l'aborde, lui adresse les expressions
« de la plus compatissante charité, et lui donne la meilleure
« des deux paires de souliers qu'il avait alors (1). » C'est ainsi qu'il honora jusqu'à son dernier soupir la pauvreté du fils de Dieu.

Enfin, ce fut dans sa grande foi que M. Guillet trouva le foyer et l'aliment du zèle ardent et courageux dont sa vie entière fut un exercice continuel. Faire connaître et aimer

---

(1) Notice sur M. Guillet, page 116.

Dieu, guérir les plaies de la religion, sauver les âmes, c'était la grande passion de son cœur, c'était la pensée qui dominait en lui toutes les autres et qui donnait le mouvement à toutes ses entreprises. Voilà pourquoi l'éducation chrétienne de la jeunesse lui tenait tant au cœur; voilà pourquoi il a tant travaillé pour donner de bons prêtres à l'Eglise. Il a consumé ses forces, il s'est immolé pour la sanctification et la perpétuité du sacerdoce; Dieu a agréé et béni son sacrifice : le zèle et les vertus du clergé de Savoie, en sont une preuve bien consolante et bien honorable.

TRANSLATION

DES RESTES DE M. GUILLET

Dans la Chapelle du Séminaire de Chambéry

Notre vénérable supérieur, de sainte mémoire, goûtait dans le ciel le repos des élus depuis bien des années. De grands et terribles événements s'étaient succédé avec une rapidité étonnante; le grand empire qui avait écrasé l'Europe, s'était écroulé au milieu des plus effroyables tempêtes; des catastrophes inouies et des révolutions plus ou moins désastreuses, avaient changé la face de l'univers; notre patrie, après bien des secousses et de cruelles infortunes, avait eu le bonheur de recouvrer son nom et son existence politique, en rentrant sous le sceptre chéri de la maison de Savoie.

Dès qu'ils furent rentrés dans l'antique héritage de leurs pères, nos pieux monarques s'empressèrent de guérir les maux de la patrie, et de rendre à la religion son ancien lustre, aussitôt que l'état de leurs finances le leur permit. Ils obtinrent du saint-siège le rétablissement des quatre diocèses de la Savoie.

Après cette division, le diocèse de Chambéry se trouvant réduit à des limites assez étroites, son grand-séminaire perdit beaucoup de son importance; mais on peut dire que son premier supérieur continua à retenir tout le clergé de Savoie sous l'empire de son autorité paternelle. Une voix unanime rendait hommage à son éminente sainteté et aux immortels services qu'il a rendus à l'Eglise de Savoie. Sa haute réputation n'a rien eu à souffrir de la succession des événements. Le jugement des contemporains est encore le même 30 ans après la mort de ce grand serviteur de Dieu.

Il paraît même que l'auréole de gloire, qui est attachée à son nom, ne fait que grandir avec le temps. Ses ouvrages, multipliés et répandus dans toute l'Europe, sont devenus une source abondante de lumières et pour les pasteurs et pour les fidèles. Les prêtres formés à son école, conservent son image gravée dans leur cœur; ils ne parlent de lui qu'avec admiration et attendrissement. Ce prêtre si humble et si modeste a fui la gloire et les honneurs pendant qu'il était sur la terre, et le prince des pasteurs accomplit sur lui sa promesse: *Qui se humiliat exaltabitur.*

La mémoire de M. Guillet ne reçoit pas seulement de stériles hommages, elle est un encouragement à la piété et à la perfection ecclésiastique ; elle réveille dans l'esprit de ceux qui eurent le bonheur de le connaître, le souvenir de ces touchants exemples et des leçons de piété qu'ils en reçurent dans cette maison, lors de leur entrée dans le sanctuaire. Nous les voyons souvent, ces vénérables prêtres, venir visiter avec une sorte de dévotion, le berceau de leur sacerdoce. Ils veulent revoir leur ancienne cellule, ils aiment à prier en silence dans cette chapelle où ils ont passé de si beaux moments, dans ces jours de paix et d'insouciance, où leur cœur était si sensible aux charmes de la vertu.

Cependant il manquait un aliment à la piété filiale de ces bons prêtres et à la nôtre. Les ossements de M. Guillet restaient confondus avec ceux des autres fidèles. La pierre tumulaire qui recouvrait sa tombe avait presque entièrement disparu sous l'herbe et les décombres, depuis qu'on avait muré l'ancienne porte du cimetière. Aussi, depuis plusieurs années, nous désirions vivement rapporter ce précieux trésor dans la chapelle du séminaire. Mgr l'archevêque, en daignant accueillir notre prière, n'a fait que céder aux vœux de son cœur et à ceux de tout le diocèse.

Après toutes les précautions convenables pour reconnaître et recueillir les restes vénérés de l'homme de Dieu, la translation en fut faite avec une imposante solennité, le 7 juin 1842 (1).

---

(1) Voici ce que rapporte à ce sujet le *Journal de Savoie*, dans son N° 24, du 11 juin 1842 :

« Nous avons eu sous les yeux une cérémonie bien intéressante pour notre ville et surtout pour le clergé de la Savoie : la translation des dépouilles mortelles de M. le chanoine Guillet, premier supérieur du grand-séminaire de

Le cercueil qui renferme les cendres de notre père, a été placé presque au centre de la chapelle, à l'entrée du sanctuaire, et recouvert de la même pierre tumulaire qui fut mise sur sa tombe en 1812.

Cette translation a été une fête très-consolante pour le clergé de Chambéry, et surtout pour la communauté du grand-

Chambéry, mort en 1812, et déposé jusqu'à ce jour dans le cimetière de cette ville.

« MM. le supérieur actuel et les directeurs du grand-séminaire, ayant obtenu l'autorisation de recueillir ces précieux restes et de les déposer dans leur chapelle, comme un sujet d'émulation pour eux, d'encouragement pour leurs élèves et de vénération pour tous, firent procéder à l'ouverture du tombeau le 25 mai dernier. Une commission archiépiscopale, composée de MM. les chanoines Revel, archidiacre vicaire-général, et Dépommier, supérieur du séminaire, et des docteurs Chevalley et Rey fils, après avoir constaté l'identité, dressa procès-verbal de son opération, et renferma dans une châsse soigneusement scellée les ossements de l'illustre défunt.

« Mardi dernier, 7 de ce mois, Mgr l'archevêque, assisté de son chapitre, précédé des élèves de Saint-Louis-du-Mont, du séminaire, et d'un nombreux clergé, accourus de tous les points de ce diocèse et des diocèses voisins, s'est rendu processionnellement au cimetière pour la translation. Porté par quatre prêtres, M. Guillet est ainsi rentré, après trente ans, comme en triomphe, dans une ville qu'il combla de bienfaits et qui ne prononce son nom qu'avec reconnaissance, pour aller reposer dans le séminaire qu'il eut la gloire de nous créer. Quelle vive émotion a produite sur les anciens et nombreux élèves de ce vénérable supérieur, cette marche triomphale accordée à ses vertus! Combien l'on a regretté que la chapelle devenue son tombeau ne fût pas assez grande pour recevoir la foule qui s'empressait de mêler ses hommages aux hommages que le clergé rendait à l'un des bienfaiteurs de notre pays, dans ce sanctuaire converti en une chapelle ardente et décorée avec un goût très-convenable à la circonstance. Une messe de *requiem* en musique exécutée par les élèves, et l'absoute faite par Monseigneur, ont terminé cette cérémonie; et les assistants se sont retirés vivement émus et frappés de ces paroles qui ont comme échappé au plus juste appréciateur de la vertu, Mgr Billiet: *In memoriâ æternâ erunt justi.*

séminaire. Nous garderons ce précieux dépôt avec une religieuse fidélité. Chaque jour nous irons avec nos élèves nous agenouiller autour de ce tombeau ; nous ne cesserons de payer à la mémoire d'un père, le juste tribut de notre reconnaissance et de notre piété filiale. Nous méditerons les années éternelles sur la cendre du juste. Nous y recueillerons la bonne odeur de vertu qui s'en exhale. Nous croirons entendre encore cette voix douce et persuasive, qui savait si bien faire goûter les maximes évangéliques. Il suffira de montrer cette tombe à nos jeunes lévites, pour leur rappeler l'image de la bonté, de la douceur, de la charité, du dévouement, en un mot, le type véritable de la vie apostolique.

Pour nous, sur qui pèse la charge si difficile et si importante de continuer son œuvre, nous aimerons toujours à le regarder comme notre maître, notre guide, notre protecteur dans le ciel. Un attrait tout particulier nous ramènera souvent vers son tombeau. Nous l'arroserons quelquefois de nos larmes, en lui redisant nos peines et nos sollicitudes. Nous le consulterons dans nos perplexités. Nous le supplierons de nous aider de ses conseils et de nous obtenir une abondante communication de son esprit. Il était si bon et si compatissant dans les jours de son pèlerinage ! Il entendra la voix de nos soupirs, lorsque nous lui demanderons avec confiance de nous aider à remplir notre redoutable mission. Oui, il sera le protecteur et l'ange gardien de notre séminaire. Il sait bien que, nous aussi, nous avons à cœur d'enrichir la maison de Dieu, et de donner à l'Eglise des ministres formés sur ce beau modèle. Puissions-nous avoir sa haute sagesse, pour introduire et diriger dans les voies de la sainteté, ceux qui doivent sanctifier les autres !

TABLE.

	Pages	
Avant-Propos		V
Chapitre premier. — Naissance et éducation de M. Guillet		1
Chap. II. — M. Guillet se prépare à recevoir le sacerdoce		7
Chap. III. — M. Guillet exerce les fonctions de directeur au séminaire de Chambéry		9
Chap. IV. Emigration de M. Guillet en Piémont		12
Chap. V. — M. Guillet rentre en Savoie, pour venir au secours des fidèles durant la persécution		15
Chap. VI — M. Guillet est arrêté et conduit en exil		23
Chap. VII. — M. Guillet se soustrait à la prison de l'île de Rhé, et revient en Savoie. — Sa mission à St-Ombre		38
Chap. VIII — M. Guillet est nommé supérieur du séminaire de Chambéry		54
Chap. IX. — M. Guillet est appelé à recueillir la succession de M. de Comnène		64
Chap. X. — M. Guillet fait paraître ses *Projets pour un Cours complet d'Instructions familières*		71
Chap. XI. — Epreuves et contradictions qui affligent M. Guillet aux derniers temps de sa vie		77
Chap. XII — Dernière maladie et mort de M. Guillet		84
Translation des restes de M. Guillet dans la chapelle du séminaire de Chambéry		97

Avec permission.

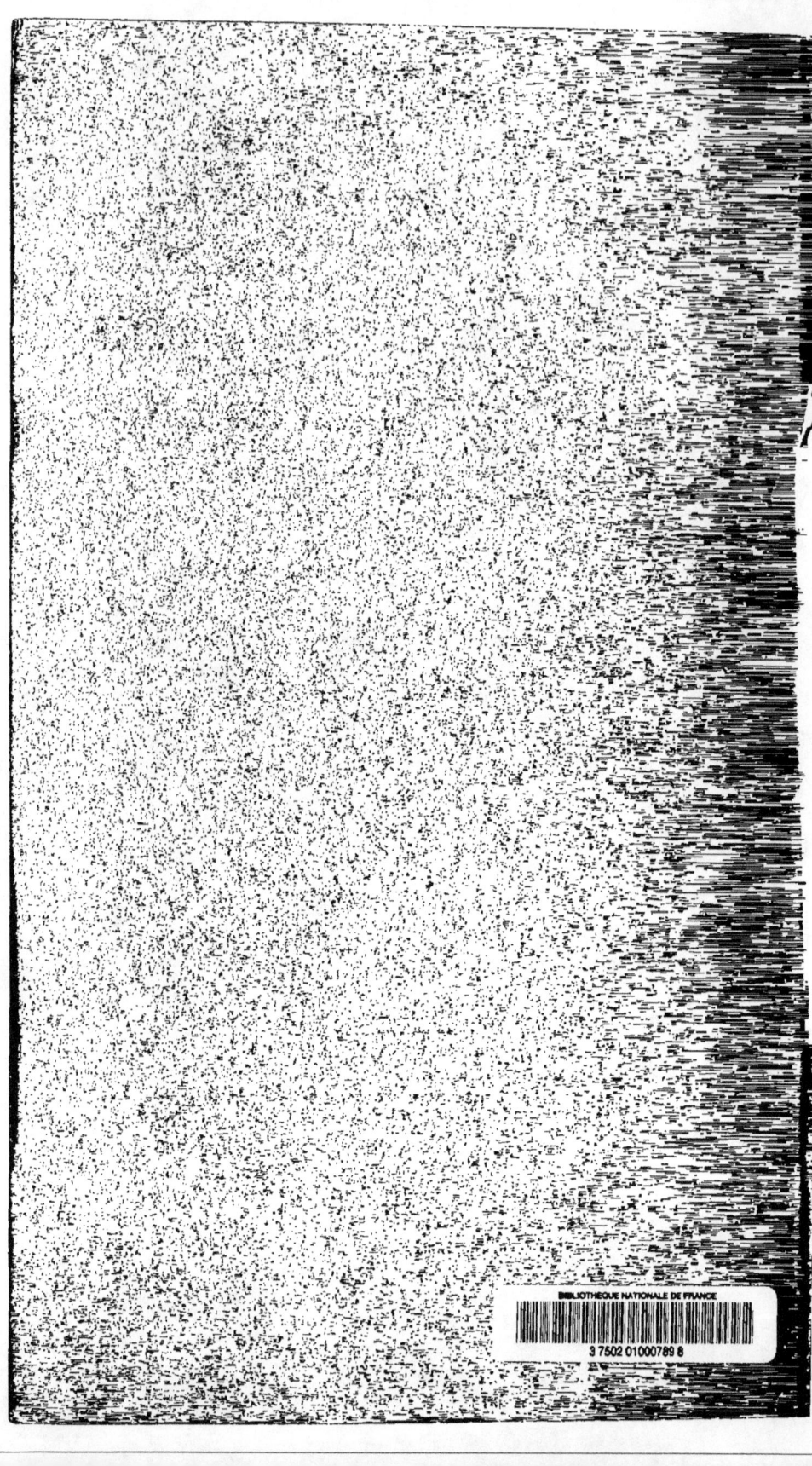

www.ingramcontent.com/pod-product-compliance
Lightning Source LLC
Chambersburg PA
CBHW070515100426
42743CB00010B/1833